余映潮文言课文教学实录及点评

余映潮／著

中国人民大学出版社
·北京·

图书在版编目（CIP）数据

余映潮文言课文教学实录及点评／余映潮著. —北京：中国人民大学出版社，2017.12

ISBN 978－7－300－25162－2

Ⅰ.①余… Ⅱ.①余… Ⅲ.①文言文—教学研究—中学 Ⅳ.①G633.302

中国版本图书馆CIP数据核字（2017）第287821号

余映潮文言课文教学实录及点评

余映潮 著

Yu Yingchao Wenyan Kewen Jiaoxue Shilu Ji Dianping

出版发行	中国人民大学出版社		
社　址	北京中关村大街31号	**邮政编码**	100080
电　话	010－62511242（总编室）		010－62511770（质管部）
	010－82501766（邮购部）		010－62514148（门市部）
	010－62515195（发行公司）		010－62515275（盗版举报）
网　址	http://www.crup.com.cn		
经　销	新华书店		
印　刷	北京华宇信诺印刷有限公司		
规　格	168 mm × 239 mm　16开本	**版　次**	2017年12月第1版
印　张	13　插页 1	**印　次**	2021年11月第5次印刷
字　数	180 000	**定　价**	45.00元

目录

序

这里呈献给大家的，是我执教的15篇初中文言课文的教学实录，大体上按部编初中语文教材的篇目之序进行排列。与这本书同时出版的还有《余映潮中学语文古诗词教学实录及点评》。

我的中小学古诗文公开课的教学，到2017年8月止，三个学段、各种教材版本的课例加在一起，共58个。如果加上“一课多案”的设计与教学，课例就更多一点儿。

在古诗文的教学实践中，由于对众多篇目一一尝试，在艰苦的探索中不忘思考与提炼，所以，我在教学理念与教学技法上，多少有些感悟。

我以为，就文言文的教学而言，教师需要重点提升以下方面的专业能力。

1. 研读教材的能力，特别是发现与聚合课中教学资源的能力。

2. 处理教材的能力。能突现课文的重点、难点、美点，突现语言学用与技能训练。

3. 设计活动的能力。能科学地、艺术地设计学生的课堂实践活动，减少烦琐的无效细节。

4. 教学示例的能力。在字词积累、词句品析、朗读训练、语言鉴赏、学法实践等教学活动中能够进行示范指导与阐释。

5. 审美赏析的能力。知晓作品赏析的基本角度与方法，在课堂教学中能够组织有力度、有深度、有美感的审美品析活动。

我以为，就课堂教学的质量而言，除了在理念上要注意利用课文组织训练活动，特别关注课堂上的集体训练活动之外，我们还需要着力提高教学品位，提高教学效率，并对此进行坚持不懈的探索与实践。

以下八个字是努力的基本方向。

1. 实。内容实在，讲求落实。这是任何课堂教学总的原则性要求。

如《咏雪》的教学创意："一课四读"训练——朗读，完整复述；朗读，表现情味；朗读，品词论句；朗读，当堂积累。

2. 活。手法灵活，形式活泼。不拘泥，不呆板，特别要做好对教材的灵活处理。

如《〈论语〉十二章》的教学创意：分类推进，详略有致——先略读、自读、朗读、背诵十章，再精读赏析"贤哉，回也""饭疏食，饮水"这两章。

3. 细。小步轻迈，细腻有序。在步步推进中落实教学内容，让学生从容吸收，真有收获。

如《卖油翁》的教学创意：整体反复，多角度细读——课文朗读，字词积累，故事写译，词句品析，手法欣赏。

4. 雅。手法创新，意境雅致。要让课堂教学散发出浓郁的书香之味。

如《狼》的教学创意：大容量教学与训练——课始积累成语，认读大量字词，课文情境朗读，欣赏小说手法，精巧点示寓意。

5. 趣。巧妙激趣，生动有趣。课堂品读教学要有情味、有趣味、有韵味、有余味。

如《记承天寺夜游》的教学创意："课中之最"——分析，最巧妙的结构形式；品析，最神妙的几处字词；赏析，最美妙的一个句子；笔记，最精妙的课文评说。

6. 美。美读美析，品美审美。课堂教学要表现出审美的高度。

如《三峡》的教学创意：课文美读训练——美美地认读，美美地朗读，美美地赏析，美美地描绘。

7. 丰。内容丰富，活动充分。要增加教学厚度，加大课堂容量。

如《夸父逐日》的教学创意：浅文深教，短文细教——活动一，知晓神话知识；活动二，成语印证词义；活动三，课文扩写训练；活动四，欣赏精致结构；活动五，“夸父”知识听记。

8. 新。视角新颖，方法新巧。要追求创新，追求在务实前提下的教学创新。

如《陋室铭》的教学创意：反复理解，反复穿插——文词识记，文句理解，文意把握，文笔赏析；每一步都穿插“知识讲析”，让学生做好知识笔记。

以上八个方面，既是文言文课堂教学追求的境界，也是其他文体文章课堂教学向往的目标。

在追求优雅、高效的教学境界之中，我们的教学技艺会逐步得到提升并慢慢地成熟起来。

让我们一起来努力，力争让学生们享受到最好的语文学科教育。

余映潮

2017 年 8 月 31 日

1.《咏雪》课堂教学实录及点评

时间：2011 年 10 月 19 日

地点：四川省成都市四川师范大学附属实验学校

点评：崔丽梅

课例导读

朗读，充满诗意的课堂活动。本节课便是用朗读这一诗意手法引领起了丰富、生动的教学活动。本节课以读为线，贯穿始终，课堂意趣盎然。学生在朗读中梳理文意，在朗读中把握停顿，在朗读中品味语言。教师提出具体、明确的朗读要求，抓住典型语句指导、示范，分享美妙、丰厚的知识总结，由此足见其挖掘文本的功底和高超的教学技艺。

一、补充人物资料，明确学习任务

师：这节课我们一起学习《世说新语》中的《咏雪》。大家看第一句话“谢太傅寒雪日内集”，知道关于“谢太傅”的成语吗？我提示两个字，你们一下子就能说出来，东山……

生：东山再起。

师：谢太傅有很高的文化水平和学术水平，人又长得英俊，就被推举到朝廷做官，但他不喜欢做官，就隐居东山，40 多岁时又出来做官，因此是“东山再起”。我们来看材料。

屏幕显示

谢太傅即谢安，是东晋后期的一代名相，死后追赠“太傅”。《世说新语》是追记前朝事情的著作，所以写谢安最终的官衔。故事中的谢道韫当时还是小女孩儿，文中称她为“王凝之妻”，也是后人追书之词。

师：谢太傅也就是谢安，是东晋后期的一代名相，死后追赠一个官衔“太傅”。为什么不叫“谢安”，而叫“谢太傅”？因为这是后人写他的故事，就用他最高的官衔来称呼他“谢太傅”。故事中有一个人，一个小女孩儿，人们称她为“咏絮之才”。这个人是谁呢？谢道韫。她当时还是小女孩儿，课文最后为什么说她是王凝之的妻子呢？这也是后人写书时的追述之词，补说的一句话。

这节课，我们进行“三读”——读得清楚，读得好听，读得有味。

屏幕显示

学习任务：课文细读

读得清楚
读得好听
读得有味

点评：教师补充人物资料，抓住了文中最重要的两个人物——谢太傅和谢道韫，一名相、一才女，把故事的背景交代得清楚、明白，解除学生的阅读困惑。

二、读得清楚

师：“读得清楚”，就是讲得清楚，就是能将每个字词的意思讲得清楚，故事的内容同样也讲得清楚。接下来我们把课文读一遍，再把注释读一遍。

（生读课文和注释）

师：我再给大家补充一点儿注释。

屏幕显示

儿女：子侄辈的年轻人。

雪骤：雪下得快。骤，迅疾。

未若：不如，比不上。

因：趁着，乘。

即：就是。

师："儿女"指子侄辈的年轻人。谢朗是侄儿，谢道韫是侄女，也许还有太傅自己的孩子。谢安是在与子侄辈的年轻人讲论文义。

雪骤：雪下得快。骤，迅疾。"骤"不是猛，是快，是急。有个成语"暴风骤雨"，指很猛的风，很急的雨。

"未若"，很好懂，是"不如，比不上"的意思。

"因"有两个意思，教材（注：旧版）上翻译的"因"是"凭借"的意思，确切地讲，它是"趁着"的意思。有个成语叫"因势利导"，就是指顺着事情的形势，从而做得更好。还有一个成语叫"因循守旧"。这里的"因"都含有"顺着，沿着"的意思。柳絮乘着风飘舞，译为"乘"比译为"凭借"好听多了。

即：就是。

（生做笔记、批注）

师：接下来结合课文的注释，结合老师给大家的注释，大家自读自讲起来，每个人都给自己讲课文的内容。比如第一句，这样讲："谢太傅在一个下雪的日子里和家里的人一起聚会。"

（生各自讲课文）

师：好的，同桌之间互相讲。

（生相互讲课文）

师：多么美好的学习情境啊！全班同学接受集体训练，每个人都讲。这些美好的文句都很好懂，有的地方不用把它翻译成现代文。"欣然""大笑”都平白如话，就不用着力翻译。“公欣然曰”就是“公欣然地说”，文中的三句诗都可以不翻译出来。明白吗？大家讲，我来听。

（生再次讲课文）

师：这篇文章太好懂了。看看大家讲的是不是跟老师写的一样。一起读。

屏幕显示

一个寒冷的雪天，谢太傅把家人聚在一起，跟子侄辈谈诗论文。一会儿雪下得紧了，谢太傅高兴地说：“这纷纷扬扬的大雪像什么呢？”他哥哥的长子胡儿说：“跟把盐撒在空中差不多。”他哥哥的女儿说：“不如比作风把柳絮吹得满天飞舞。”谢太傅高兴得笑了起来。说这话的是谢太傅的哥哥谢无奕的女儿谢道韫，左将军王凝之的妻子。

（生齐读）

师：读得多好听！这是文言文的一种特殊的翻译方式，就是有些好句子不用翻译出来，因为我们懂了。但是考试时可不能这样，考试的时候就要做到逐字逐句地翻译。例如，“公大笑乐”，就要翻译成“谢太傅高兴地大笑起来”。

点评：第一个教学板块——“读得清楚”，让学生自讲课文、互讲课文、齐读翻译，从而深入把握文句，教师还教给学生特别的翻译方法。

三、读得好听

师：接下来是“读得好听”。老师来训练你们。“读得好听”主要就是把握好文中的停顿。

屏幕显示

读得好听：其标志是能把握好停顿。

师：第一步训练，顺应语法的停顿，就是把一个句子的结构读清楚。

屏幕显示

《咏雪》朗读中的停顿

顺应语法的停顿

师：比如，第一句“谢太傅寒雪日内集”，有一个人，是谁？

生：谢太傅。

师：什么日子里？

生：寒雪日。

师：做了什么事？

生：内集。

师：读清楚这三个要素，这个句子不就读得好听了吗？读。

生：谢太傅 / 寒雪日 / 内集。

师：句子读得清清楚楚！“与儿女 / 讲论 / 文义”也是如此，再来看“公欣然曰”怎么读？谁啊？

生：公。

师：表情怎么样？

生：欣然。

师：干什么呢？

生：曰。

师：好，一起来把句子读得清清楚楚。

生：公 / 欣然 / 曰。

师：一起读课文。“谢太傅 / 寒雪日 / 内集”，读。

（生读课文）

师：好听！继续。这是一个特别的训练要求。

屏幕显示

《咏雪》朗读中的停顿

顺应语法的停顿

清晰音步的停顿

师："音步"，简单地说，就是诗歌的节奏。文中三句诗，我们要把节奏读清楚，把语气、语调读出来。例如，"公"欣然地问道："白雪纷纷何所似？"谢朗没有把握，"撒盐空中差可拟"，"拟"要略略下沉。谢道韫胸有成竹，"未若柳絮因风起"，"起"要略略上扬。好，再读课文，把前面两次训练的结果表现出来。

（生读课文）

师：你们是不是已经感觉到读得很好听？

生：是。

师：还有一个很有趣的地方，你们读得不好。最后一句话，你们都读成了"即公大兄 / 无奕女"，"即公大兄"应该怎么读？

生：即 / 公大兄 / 无奕女。

师：这就读清楚了。就是"公"的哥哥谢无奕的女儿。

屏幕显示

《咏雪》朗读中的停顿

顺应语法的停顿

清晰音步的停顿

特殊语境的停顿

师：特殊语境的停顿。"公大笑乐"，怎么读？

生：公大笑乐。

师：还没有乐。

生：公大笑乐。

师：“乐”读得稍微好一点儿了。

生：公大笑乐。

师：读得有些秀气。

生：公大笑乐。

师：“公”读得好，“大笑”秀气了。“大笑乐”难道不能读出特殊的节奏？

生：公大笑乐。

师：“乐”没有分开。再读一下。

生：公大笑 / 乐——

师：这就差不多了。听老师读，“公 / 大笑 / 乐——”好，试一试。“谢太傅 / 寒雪日 / 内集”，读。

（生读课文）

师：对！“王凝之”这句停顿得很好，如果读成“王凝 / 之”就把人家的名字改了。同学们接下来休息一下，背课文，各背各的。

（生背诵课文）

师：同学们背得沸沸扬扬。现在就像我们刚才朗读课文一样背，情境要读出来，可以看书。“咏雪”，背。

（生齐背）

师：每一位同学都背得好！

点评：第二个教学板块——“读得好听”，就是读出停顿。“顺应语法的停顿”划分出文句的结构，“清晰音步的停顿”读出了人物的语气、语调，“特殊语境的停顿”还原了故事情景。学生先读后背，积累丰富。

四、读得有味

屏幕显示

读得有味：其标志是能品味语言，对课文有语言品味与奇妙发现。

师："读得有味"就是品味语言。品味语言，会有奇妙的发现。比如，"俄而雪骤"在全文中有什么作用，为什么好？"公大笑乐"写出了什么，表现了什么，有什么作用？这篇文章的结构好吗？等等。请大家这样去品味，去发现，把文章读得有滋有味。给大家三分钟，好好地品析一下，这个时候就要动笔批注了。开始吧。

（生品析三分钟）

师：轻轻地放下你的笔，我们开始交流。各抒己见。

生 1：我选择的是"公大笑乐"，这里写出了谢太傅对谢道韫的回答十分满意，谢道韫竟然可以把雪景描写得如此美丽，如此富有诗意。

师：这让人多么快乐啊！谢谢你的分析。

生 2："俄而雪骤"与后面的"未若柳絮因风起"互相呼应。正是"雪骤"，雪下得急，为"未若"句埋下了伏笔。

师：因为有"白雪纷纷何所似"的问，所以有"未若柳絮因风起"的回答，互相呼应。其实，"撒盐空中差可拟"也与之相呼应，都是回答。

生 3：我找到的也是"俄而雪骤"，没有这一句，就没有"白雪纷纷何所似"的问。

师：这是极其重要的作用。没有"雪骤"，就没有故事。品析得好！

生 4：我找到的是"谢太傅寒雪日内集，与儿女讲论文义"，这句话写出了故事的背景、起因，"寒雪日"还为后文做了铺垫。

师：非常重要的三个字"寒雪日"。没有这三个字，就没有"雪骤"的环境。

生 5：我选的是"未若柳絮因风起"，此句把雪花比作柳絮，写出了雪的白，也写出了春天即将到来的情景。

师：有一种形态之美——轻盈；还有一种温暖的美，因为是柳絮。

生 6：我分析的是"撒盐空中差可拟"，这句话没有"未若柳絮因风起"写得好，但仍然写出了雪纷纷扬扬的情景，为"未若柳絮因风起"这句话做了铺垫。

师："撒盐空中"的比喻还是很好的，白色，纷纷扬扬，而且可以看出谢朗有些谦虚，他说差不多可以相比，从措辞就可以看出人物的神态。

生 7：我选择的也是“撒盐空中差可拟”，这句话既和前面的问句“白雪纷纷何所似”形成照应，又和“未若柳絮因风起”形成对比，更凸显出谢道韫的才华。

师：你的两个关键词用得好，一是“照应”，一是“对比”，简洁、中肯。

生 8：“公大笑乐”这句话写出了轻松、融洽、愉快的家庭气氛，并且没有直接写出谢道韫的真实身份，这就为后面埋下了伏笔。

师：“公大笑乐”，首先让我们想到的是公快乐的样子，神情仪态的描写，很好地渲染了家庭氛围。

生 9：我欣赏的也是“公大笑乐”，他并没有表明自己的态度，并没有肯定任何一方的答案，如果肯定了，就会引起某一方的不满，很耐人寻味。

师：这是最值得欣赏的地方，没有说哪一个好，哪一个差。他的心里也许会这样说：“孩子们多可爱啊！”根本没有批评哪一个的意思。这就是教育的艺术！

生 10：我选择的也是“公大笑乐”，可以看出谢太傅觉得侄儿、侄女写的诗句都很好。

师：话语里有欣慰的感觉——孩子们都会吟诗作赋啊！好，老师来小结一下。

屏幕显示

“俄而雪骤”在文中的作用

渲染氛围

引发故事

师：用八个字来概括“俄而雪骤”在文中的作用。第一个作用是“渲染氛围”，第二个作用是“引发故事”，同学们都分析到了。注意，我们自己在讲论文义的时候，一定不能忽略“作用”两个字。

屏幕显示

“公大笑乐”在文中的作用

表现人物的神情意态；渲染欢快、轻松的气氛；与“欣然”形成前后呼应；不做评判，耐人寻味。

师：“公大笑乐”在文中的作用更丰富一些。第一个作用是“表现人物的神情意态”。第二个作用是“渲染欢快、轻松的气氛”。第三个是“呼应”作用，前有“欣然”，后有“公大笑乐”。最后一个作用，同学们分析出来了，“不做评判，耐人寻味”，没有说谁好谁坏。短短四个字，在文中有这样重要的作用。

屏幕显示

对话描写的作用

兄子胡儿曰：“撒盐空中差可拟。”

——表现了胡儿不假思索，抢先回答而又觉得心中没底。

兄女曰：“未若柳絮因风起。”

——表现了谢道韫思考之后的回答，自信且文采优美。

师：两个孩子吟的两句诗，大家也品味得很好。“兄子胡儿曰：‘撒盐空中差可拟。’”表现了胡儿不假思索，抢先回答而又觉得心中没底。“差可拟”其实是很传神的三个字。“兄女曰：‘未若柳絮因风起。’”表现了谢道韫细心的一面、思考的一面、富有文采的一面，很自信，文采也优美。

我们再来看文章结构的妙处。奇妙的发现之一，表达方式多么丰富。

屏幕显示

奇妙发现之一

谢太傅寒雪日内集，与儿女讲论文义。

（叙述）

俄而雪骤，公欣然曰："白雪纷纷何所似？"兄子胡儿曰："撒盐空中差可拟。"兄女曰："未若柳絮因风起。"公大笑乐。

（描写）

即公大兄无奕女，左将军王凝之妻也。

（说明）

师：第一句话是"叙述"，中间的内容是"描写"，最后一句话是补充"说明"。

屏幕显示

奇妙发现之二

谢太傅寒雪日内集，与儿女讲论文义。

（故事的要素）

俄而雪骤，公欣然曰："白雪纷纷何所似？"兄子胡儿曰："撒盐空中差可拟。"兄女曰："未若柳絮因风起。"公大笑乐。

（故事的主体）

即公大兄无奕女，左将军王凝之妻也。

（故事的补说）

师：再来看"故事的要素""故事的主体""故事的补说"。从"故事的补说"来看，故事可以分成两个部分。第一部分到"公大笑乐"，后面是一个部分。

屏幕显示

奇妙发现之三

谢太傅寒雪日内集，与儿女讲论文义。

（略写）

俄而雪骤，公欣然曰："白雪纷纷何所似？"兄子胡儿曰："撒盐空中差可拟。"兄女曰："未若柳絮因风起。"公大笑乐。

（详写）

即公大兄无奕女，左将军王凝之妻也。

（略写）

师：下面我说第一部分的写法，你们说后面部分的写法。第一部分是"略写"，第二部分是——

生：详写。

师：最后一个部分是——

生：略写。

师：布局谋篇很有特点！最后一句话是用来启发大家的。下面我们一起读。

屏幕显示

奇妙发现之四

文章勾勒了疾风骤雪的下雪天，谢家子女即景赋诗咏雪的情景。这里有高雅的对话、智慧的对话，表现了学子们受到的文学教育。

（生齐读）

师：这四个字太重要了，富贵人家的子弟接受的是什么教育？长辈对孩子们进行的是什么教育？

生：文学教育。

师：意义深远！孩子们从小接受的就是高雅的教育——诗教，这就可以看出人们的文化态度、生活态度。文学教育——诗教，对我们年轻的孩子们都有启示。同学们，这节课我们完成任务了没有？

生：完成了！

师：我们读得清楚了，读得好听了，读得有味了。谢谢同学们！

生：谢谢老师！

点评：第三个教学板块——“读得有味”，有效提升了阅读的高度；欣赏文章结构时，教师从表达方式的角度、从讲述故事的角度、从剪裁布局的角度、从思想内容的角度分别概说，提纲挈领，极大地丰富了学生的知识。

课例赏析

本节课以读为线，贯穿始终，充满诗情画意；三次变换朗读角度，课文品析逐层深入，教学内容灵动多姿。本节课充分体现出了余老师“成功的朗读教学一定层次非常细腻，过程非常生动，形式非常灵活”的朗读教学指导思想。

层次非常细腻。一上课，补充文中人物身份后，余老师便明晰了学习任务——读得清楚、读得好听、读得有味，并对每一项任务都做了具体阐释。“读得清楚”即翻译词句、梳理文意；“读得好听”即把握节奏、读出情境；“读得有味”即品味语言、分析结构。这三个板块环环相扣，训练由易到难，层次清晰。

过程非常生动。余老师不是单一地让学生“读”，而是进行具体、务实的指导，给朗读训练赋予了力度与美感。比如“读得好听”，分别从三个方面指导：顺应语法的停顿、清晰音步的停顿、特殊语境的停顿。“顺应语法的停顿”，余老师以“谢太傅 / 寒雪日 / 内集”和“公 / 欣然 / 曰”为例，用通俗易懂的语言教会学生划分句子成分，读出节奏；“清晰音步的停顿”，余老师亲身示范，以三句诗为例告诉学生注意语气、语调，读出抑扬顿挫；“特殊语境的停顿”，余老师以“公 / 大笑 / 乐——”为例展现画面情境，读出拖音。三次朗读课文，学生一次比一次读得好，在朗读中理解文意，揣摩人物，体会情感，这为“读得有味”环节打下了基础。这样的教学真是有创意、新颖！这样的课堂真是生动、活泼！

形式非常灵活。无论翻译还是朗读，都是人人参与，人人训练，余老师坚持集体训练的原则，但训练形式又是灵活多变的。比如“读得清楚”，余老师先让学生齐读课文、注释，再自讲课文，又同桌互讲课文，最后齐读老师的翻译，注重对基础知识的掌握；“读得好听”，既有全班齐读，又有老师示范，还有对“公大笑乐”的单独指导，使朗读意趣盎然；“读得有味”，从表达方式、讲述故事、剪裁布局、思想内容四个方面对课文结构进行分析，角度多样，积累丰厚。

本节课学生朗读课文四次，教师讲译课文多次，学生既背诵课文，又品味课文。短短文章，演变出如此丰富的训练内容，可谓情趣横生。

2.《陈太丘与友期行》课堂教学实录及点评

时间：2012 年 10 月 25 日

地点：广东省东莞市东城初级中学

点评：方沫

课例导读

这一节课，余老师充分利用课文，指导学生读文析语；这一节课，余老师巧妙利用课文，引导学生读文识礼。语言辨析活动特别有趣，话题设计精当，有很强的牵引力。课文品析活动非常精致，学生在活动之中对语言的表现力、人物性情的刻画等都进行了品析。

一、温故知新

师：上课。

生：老师好。

师：同学们好，请坐。今天我们一起学习一个小故事——《陈太丘与友期行》，先要听大家读书，要求是大声地朗读。“陈太丘”，读。

（生齐读课文）

屏幕显示

陈太丘与友期行

陈太丘与友期行，期日中。过中不至，太丘舍去，去后乃至。元方时年七岁，门外戏。客问元方：“尊君在不？”答曰：“待君久不至，已去。”友人便怒曰：“非人哉！与人期行，相委而去。"元方曰："君与家君期日中。日中不至，则是无信；对子骂父，则是无礼。"友人惭，下车引之。元方入门不顾。

师：好。我们回忆一下学《童趣》时，课后练习题告诉我们理解文言字词的两种方法：第一种，加字，比如说"过中不至"，过了中午不至；第二种，换字，"不至"，不到，这是两种方法。第三种方法是直接理解。第四种方法是利用课文注释来帮助自己。现在请每一位同学自读自讲《陈太丘与友期行》，用四种认字识词的方法给自己讲课文。开始吧，各自大声地讲起来。

（生开始自读自讲课文，用时约三分钟。渐停。）

师：有三分钟吗？再讲一遍。

（生再次读、讲课文）

师：据我的观察，每位同学都在聚精会神地读书、独立思考。表扬大家！不足之处是，同学们手上的笔都没有拿起来。现在请拿起笔，在注释中把《陈太丘与友期行》的作者和他的书名画下来。

点评：余老师在课堂中一定会让学生充分读书，同时也会提醒学生用笔记的方式促进阅读的深入，在潜移默化中培养学生正确的读书方法。

二、读文析语

师：我们这节课要对大家进行三次训练，即朗读训练、字词辨析训练和课文品评训练。

屏幕显示

课堂阅读活动：朗读，辨析，品评。

师：我们开始朗读训练：读出文中的两件事。先默读，用一条竖线把两件事画开。

屏幕显示

读

读出文中的两件事。

（生默读课文并画出文中的两件事）

师：好，我观察到了，不错。还有个别同学没有分析出来，你朗读的时候就跟着大家来。现在女同学读第一个故事，男同学读第二个故事。女同学开始了，“陈太丘与友期行”，读。

女生：（读）陈太丘与友期行，期日中。过中不至，太丘舍去，去后乃至。

男生：（读）元方时年七岁，门外戏。客问元方：“尊君在不？”答曰：“待君久不至，已去。”友人便怒曰：“非人哉！与人期行，相委而去。”元方曰：“君与家君期日中。日中不至，则是无信；对子骂父，则是无礼。”友人惭，下车引之。元方入门不顾。

师：感觉到两个故事了吧，一起来概括。第一个故事是——

生：（齐）陈太丘与朋友约定出行。

师：简单地说，是客人与陈太丘的故事。第二个故事是——

生：（齐）客人与元方的故事。

师：文中写了客人与陈太丘、元方的故事。会学习的学生已经做旁批了，多好啊，在干净的书上留下你的学习痕迹吧。

点评：在读故事的过程中理清文章的层次并概括出故事情节，这是把握文意的一种方法。

师：继续朗读。读出文中的两个人：一个是客人，一个是元方。

屏幕显示

读

读出文中的两个人。

师：我们要读的是第二个故事，读出文中的两个人。老师的话有什么含义呢？就是你的语气、语调要表现出两个人的活动。试一下，“元方时年七岁”，读。

屏幕显示

元方时年七岁，门外戏。客问元方：“尊君在不？”答曰：“待君久不至，已去。”友人便怒曰：“非人哉！与人期行，相委而去。”元方曰：“君与家君期日中。日中不至，则是无信；对子骂父，则是无礼。”友人惭，下车引之。元方入门不顾。

（生齐读课文）

师：嗯，读得还不够出色。大家看，客人，是一个很有礼貌的人，“尊君在不”；也是一个很有性情的人，听了元方的回答后马上勃然大怒，“非人哉”。“非人哉”的语气、语调你们就没有读出来。元方口齿伶俐，说话很流畅，而且语气不是那么的温柔，这个也要读出来。再来读，“元方时年七岁”，读。

（生再次齐读课文）

师：这一次好多了，特别是客人被元方训了一顿，或者说元方批评客人之后你们停顿了一下，“对子骂父，则是无礼”，就舒缓下来了，“友人惭，下车引之。元方入门不顾”，声音又高扬一点儿。

我刚才在思考你们朗读的弱点在哪里，没有关注到语速上。这是一个故事，要用叙事的语气读得慢一点儿，像讲故事一样读，这样味道就出来了。好，再来。“元方时年七岁”，读。

（生齐读课文）

师：嗯，读得好听，表扬。

点评：读人物即读性格，学生在把握要素的基础上对人物有了初步的感知和了解。

师：下面我们进行辨析训练。

屏幕显示

练

辨析两个意思比较难以理解的字，两个分别表示敬与谦的字，两个同形而意义有区别的字，两个字形不同而意义相近的字，两个能够表现本文要义的字。

师：大家看：两个意思比较难以理解的字；两个分别表示敬与谦的字；两个同形而意义有区别的字，就是一词多义；两个字形不同而意义相近的字，即近义词；两个能够表现本文要义的字，即点明本文主旨的字。

我们慢慢地学习字词，先来完成第一个练习。这两个字一定要注意：一个是“期”，一个是“相”。

屏幕显示

两个意思比较难以理解的字

期：约定，如：不期而遇。

相：互相，文中表示动作偏指一方，可译为“我”。

师：这个“期”是“约定”的意思。为什么要强调它？因为现在它仍然有广泛应用。不期而遇，就是没有约定就碰上了。“相”字是这篇文章里最难理解的一个字，它的原意是“互相”，在这里是偏指一方，就是指“我”。在这篇文章里相当于“我”，但是在其他的文章里它偏指一方的时候不见得就是指“我”了。“相委而去”，就是指“离我而去”。

下面我们一起来完成第二个练习，找出分别表示敬与谦的两个字，把它们圈出来。

敬辞，对人家说话的时候带有尊敬的味道；谦辞，对人家说话的时候含有谦逊的味道。我来读一读，大家立刻告诉我哪个字是敬辞。

师：（读）元方时年七岁，门外戏。客问元方：“尊君在不？”

生：（齐）尊。

师："尊"就是一个敬辞，跟它相连的还有一个"贵"，比如说，我对你们学校领导说"我到贵校来"，这个就是敬辞。"君与家君期日中"，哪个词是谦辞？

生：（齐）家。

师：看屏幕，"尊"就是敬辞，用于称跟对方有关的人或事，如：尊姓大名。"家"是谦辞，用于对别人称自己亲属中年长于自己的人，如：家父、家君等，但不能说"家妹"，因为她比你年龄小。

屏幕显示

两个分别表示敬与谦的字

尊：敬辞。用于称跟对方有关的人或事。如：尊姓大名。

家：谦辞。用于对别人称自己亲属中年长于自己的人。如：家父。

师：下面你们要完成两个练习：第三个练习和第四个练习。一词多义，就是看哪一个词在这篇文章中有两个意思或者三个意思；近义词，就是看哪两个词从外形上看完全不同，但它们意思相近。

（生看课文并互相交流）

师：谁找出了两个同形而意义有别的字？

生1："过中不至"的"不"和"尊君在不"的"不"不一样。读音不同，意思也有区别。

师："过中不至"，不，没有；"尊君在不"，不，同"否"，含"不在"的意思。这两个字连读音都不同。

生2："太丘舍去"的"舍"和"相委而去"的"委"。"舍"是"离去"，"委"也是"离去"。

师：这就是一组近义词，"舍"和"委"都含有"离开"的意思。除了这两位同学找出的词以外，还有一组很重要的词。"门外戏"，这里的

“门”要理解成“在门”，而“元方入门不顾”的“门”是名词，就是指“大门”。这两个字的词性和用法有细微的差别。

屏幕显示

两个同形而意义有区别的字

门（外）：在门（之外）。
（入）门：（进入）家门。

两个字形不同而意义相近的字

舍：放弃，不要。文中指“不再等”。
委：抛弃，丢下，舍弃。

师：好。第五个练习我们共同解决，一起说表现本文要义的两个字。（学生说“信”“礼”）一个“信”，一个“礼”。“信”是讲信用，“礼”是讲礼貌。

屏幕显示

两个能够表现本文要义的字

信：信用。
礼：礼貌。

师：大家通过自己的努力把课文里最难的字词弄清楚了，下面各自背诵课文。

（生各自背课文）

师：好，咱们试着背一下。背诵时要把两个人物的神情意态读出来，也要把两个故事读出来。“陈太丘与友期行”，背。

（生齐背课文）

点评：余老师的课的特点之一，就是但凡古诗文，争取让学生当堂成诵，这样学生便在反复的吟诵中积累了语言，习得了语感。

三、读文识礼

师：我们开始品评课文，任选一个话题来说话。这一次要马上做出反应，可以说从文中的一个字（词）读出了什么，从文中的一句话读出了什么，也可以说从这篇文章读出了什么。

屏幕显示

品

从文中的一个字（词）读出了：________。

从文中的一句话读出了：________。

从这篇文章读出了：________。

师：我们现在各抒已见，说话没有其他的要求，就是声音要大。请你来。

生 1：我从“日中不至，则是无信；对子骂父，则是无礼”读出了做人一定要守信，还有做人一定要有礼貌。

师：有点儿紧张，但是把话说完整了。这句话你是从思想方面来说的，还可以读出什么呢？读出元方这个小孩儿不仅仅有道德修养，而且他的文学水平很高，他说的话都是齐整的句子。

生 2：我从“友人惭，下车引之。元方入门不顾”这句话看出友人当时已经知道自己错了，说明友人知错就改，但是元方却为友人之前说的话而感到愤怒。

师：一个“惭”字，写出了友人的性情。首先很尊敬人家，然后又骂人家，于是面有惭色。还有一个细节，注意到没有？他“下车引之”，走下车想拉一拉元方的手，这个细节的描写就表现出这个人很惭愧，他的心理活动表现出来了。

生 3：我从这篇文章读出了“信”与“礼”对我们的重要性，也读出了元方是一个聪颖、机智的孩子，客人的道德修养甚至不如这个孩子。

师：我还可以接着你的话说，从元方的话语里面还可以感受到元方的父亲对他的教育是到位的，元方不仅守时、讲理，而且文字的功夫深，书读得多。很有意思的是，元方也有点儿小脾气，“入门不顾”，不管人家了，因为他是七岁的小孩儿，这也是合情合理的。

生 4：我从陈元方与客人的对话中品出了元方说话时彬彬有礼，落落大方。

师：“落落大方”这四个字用得好。陈元方说话是很在理的，是随口而出的，这就从多个方面表现了这个小孩儿的性格特点。

生 5：我还品出了陈太丘教子有方。

师：虽然这位父亲没有出现，但是从孩子身上可以看到父亲对孩子的教育。

生 6：我从这篇文章中读出了如果与人约定好就一定要守信，在没有弄清楚情况之前，不要随意地责骂别人。

师：是啊，一定要问清楚再说话，即使很有性格，也要注意礼貌。我很希望有人分析一下客人。

生 7：我从“期日中。过中不至，太丘舍去”读出了友人十分不守信，中午到了还没有来，但陈太丘是个讲信用的人，为下文元方懂得如此多的道理，还有他的修养埋下了伏笔。

师：做了很好的铺垫，有很好的照应。

生 8：“客问元方：‘尊君在不？’”，我从“问”字可以看出客人也是很有礼貌的。

师：对，有两处表现出客人有修养，一是“尊君在不”，一是“下车引之”。

生 9：我补充一下，从“客问元方：‘尊君在否？’”这句话，可以看出客人很有礼貌，与后面“友人便怒曰：‘非人哉！与人期行，相委而去”形成对比，可以看出客人是一个性格多变的人。

师：我们换一种说法，他是一个有性情的人、率性的人。你看客人对小孩儿说话其实用了尊称，“您的爸爸在哪里啊”，我们现在都不这样讲了，我们现在都说“你爸呢”。

生 10：“答曰：‘待君久不至，已去’”，从这句话也可以看出陈太丘的朋友很不讲信用。陈太丘就很讲信用，等了他的朋友那么久，但他的朋友还没来。

师：这个“久”字用得好，和“过中不至”遥相呼应，说明了友人可能不是一“过中”就来了，而是“过了中”之后很长时间都没有到，所以要挨批评。

生 11：从“友人惭”可以看到他的变化，由“愤怒”到“惭愧”。

师：是呀，这就体现了一个人的真性情。所以，我们从这篇文章里面读出了两个很有个性的人，即“真性情”的人。一个大人，一个小孩儿，一点儿都不掩饰自己，他们表现出来的是性格上的自然本真之美。

屏幕显示

品

真性情　　自然本真之美

点评：前面读人物，以老师小结为主，此处再读人物，已经是学生在侃侃而谈了，而且谈得有深度、有见地。

师：咱们七年级的同学就能把课文读得这么深刻，真好。下面老师分析一下这个故事，做好笔记。

屏幕显示

析

这是一个开门见山的故事。

这是一个一波三折的故事。

这是一个戛然而止的故事。

这是一个运用了虚写手法的故事。

这是一个关于守信重礼的故事。

这是一个关于品行修养的故事。

师：这篇课文讲的是一个什么样的故事呢？我们从文学的角度来分析，这是一个开门见山的故事，这是指它的开头；这是一个一波三折的故事，有轻波微澜，这是指故事的情节；这是一个戛然而止的故事，指它的收束，戛然而止，留有余味。

陈元方训了客人一顿之后就走了，就进家门了，那么他家的门前就似乎永远有一个友人站在那里。因为文章戛然而止，这就让我们想象。

这是一个运用了虚写手法的故事，大家想一想，虚写了谁？这个人没有出场但文章又写到了他。

生：（齐）陈太丘。

师：很好，很快就领会了。这是一个关于守信重礼的故事。因此，我们就从文学的笔法和思想情感两个方面，从更深的层次了解了课文。

谢谢同学们，大家的表现很好，下课。

点评：谈礼就是谈人，识礼亦是识人。文学的笔法用以塑造人，思想情感用以评价人，两者融合，就是守信重礼，阅人知世。

课例赏析

余映潮老师认为："朗读，是以理解文学作品的意义为目的的一种出声的阅读方法，是一种综合性的阅读活动。中学语文教师应该对朗读教学具有较为丰富的知识和较为厚实的素养。"读，早已是余老师的课堂常态。余老师的这节课，既有观其大略的通读，也有品其滋味的细读；既有抑扬顿挫的朗诵，也有表现人物性格以读传神的演读。在反复诵读的过程中，学生的感官得以开放，并在经典的浸润中得到濯洗，自然他们也就容易入情入境、有所通达了。

余老师的这节课启迪我们，学习文言课文不仅要读透，还要分析透。

从这堂课的结构来看，“读文析语”和“读文识礼”是并重的。“析语”是传授学习文言文的方法，“识礼”是传承传统文化。这两点，对刚刚升入初中的七年级学生尤为重要。文言文的教学，难在字词，更难在方法的梳理和积累。在本堂课中，余老师巧妙地导引，由《童趣》课后习题说起，归纳出文言文字词积累的几种方法。难一点儿的，老师范说；简单一点儿的，学生学说。在这种言语交流的过程中，学生就理解了本文的重难点词语。在这堂课中，余老师还巧妙地实现了迁移，说说中国文化中的谦辞和敬辞，用礼仪现象说礼仪文化，借文章来传递礼仪。

余老师还重视对文本的深度挖掘，“从这篇文章读出了……”是基于人物说话，在一进一退，一“怒”一“引”的细品中引导学生客观评价人物。对元方的形象分析，除了认可他的孩子气、才气，也认可家庭教育即其父陈太丘对他的影响；对“友人”，除了批评他的言而无信，也肯定他率性的自然本真之美。这使得“读文识礼”有了更深刻的文化内涵和启示，这堂课在无声中就渗透了情感、态度和价值观的培养。

整堂课以文章中文学笔法的运用作结。这是余老师解读文本的一大特色：用简单、精辟的语言揭示文章的写法。这样的点示日积月累，有助于培养学生的阅读敏感性，最终学生会将这种阅读意识转化为写作意识。余老师的教学润物无声。

3.《〈论语〉十二章》课堂教学实录及点评

时间：2014 年 9 月 23 日

地点：新疆维吾尔自治区乌鲁木齐市兵团第一中学

点评：吴慧玲

课例导读

《〈论语〉十二章》虽章章精美，字字珠玑，但若在教学中面面俱到地讲解则失之于泛；又因为其语录体的特殊形式，所以章与章之间缺少严密的逻辑。那么，教师如何恰当整合、充分利用教材资源，进而设计出有训练力度的活动，并将其演绎成思路清晰的教学实践，这实在是一个巨大的难题。余老师对此篇教材独具匠心的取舍和别出心裁的处理让人受益匪浅。

一、知识铺垫

师：同学们好！

生：老师好！

师：今天我们一起学习《〈论语〉十二章》。首先了解“章”的意思，请做笔记。一段音乐结束叫“一章”。从这个含义演变，一段话叫“一章”，继续演变，一篇文章叫“一章”。《〈论语〉十二章》就是《论语》的十二个语言片段，就是《论语》十二则。好吧，让我们走近一位伟大的人物。读起来。

屏幕显示

孔子（前551—前479），名丘，字仲尼，春秋末期鲁国人。中国历史上伟大的教育家，更是中国传统文化的代表人物。

《论语》共20篇，由孔子的弟子和再传弟子编写，以语录体和对话体为主，记录了孔子及其弟子的言行。

《论语》首创语录体的写法，语言精警生动，充满智慧，格言警句，美不胜收。

（生齐读）

师：要把这几句话旁批在课本上，"语录体"，"精警生动，充满智慧，格言警句，美不胜收"。

（生做笔记）

师：再来读有关的材料。"孔子被后人"，读。

屏幕显示

孔子被后人尊称为"至圣先师"，他晚年曾自称"哲人"。《论语》中到处洋溢着"圣人的智慧"，它留给后世人们无限的教益。

（生齐读）

师：很有智慧的人，就是"哲人"。好，开始我们的研读品析学习活动。

点评：开门见山，直接入课；知识铺垫，积累丰厚。

二、整体把握

师：首先是略读。

屏幕显示

略读

师：我告诉大家学习方法。

屏幕显示

学习本课，可以有四个收获。

师：那么多的段落，那么多的格言警句，我们学习本课到底应该有什么收获呢？

屏幕显示

激励志向

子曰："三军可夺帅也，匹夫不可夺志也。"（《子罕》）

子曰："吾十有五而志于学，三十而立，四十而不惑，五十而知天命，六十而耳顺，七十而从心所欲，不逾矩。"（《为政》）

师：第一个收获，激励志向。读这些格言警句能够让我们的志向明晰起来。

（生做笔记）

师：我来听大家朗读，声音要响亮。

（生朗读）

师：注意"夺"字很难理解，书上并没有注释，"夺"是什么意思呢？"强取"叫"夺"。我们把它理解得委婉一点儿，就是"改变"，在这样一个语境里面，三军可以改变它的首领，但一般的人，平民老百姓的志向是不可改变的。一个人要有志向，我们的志向不可能被其他人强夺而去。这就是"三军可夺帅也，匹夫不可夺志也"的美妙境界。再注意，"吾十有五"，这个"有"应该读为"yòu"，"十有五"就是"十五"的意思。以后凡是看到“十有七”“十有八”等，“有”都应该读为“yòu”。这则语录相当于孔子的一个微型自传。他十五岁时开始立志学习，这个学习不是指发蒙的那种学习，而是指学习经典的东西。三十岁的时候根基就很牢固了，所以说“三十而立”。“四十而不惑”，到四十岁的时候他就懂得很多很多的道理了，不会为外象所迷惑。“五十而知天命”，教材（注：旧版）中关于“天命”的解释不够好，说它指“不能为人力所支配的事情”，其实“天命”就是上天的命令，就是上天安排我做什么，我就把它做得好好的。“六十而耳顺”，六十岁的时候，什么都能听得进去，而且能明辨是非。七十岁的时候，就能熟练地做很多很多事情，但是不超越规矩。“不逾矩”，这三个字对我们太重要了。所以说，这里的每一字都对我们有用。好吧，大声地读起来，“子曰”，读。

（生朗读）

屏幕显示

陶冶情操

曾子曰：“吾日三省吾身：为人谋而不忠乎？与朋友交而不信乎？传不习乎？”（《学而》）

子曰：“贤哉，回也！一箪食，一瓢饮，在陋巷，人不堪其忧，回也不改其乐。贤哉，回也！”（《雍也》）

子曰：“饭疏食，饮水，曲肱而枕之，乐亦在其中矣。不义而富且贵，于我如浮云。”（《述而》）

师：学习本课的第二个收获就是陶冶情操。它告诉我们，一个人要有修养，要修身养性，在苦和乐的面前都要泰然处之，这叫“陶冶情操”。“曾子曰”，读。

（生朗读）

师：第一则，体现了君子风度，“吾日三省吾身”，每日都多次反省自己：给人家做事是不是全心全意呀？与朋友交往是不是信守诺言呀？老师教给我的东西是不是随时在温习呀？还有两则，我们过一会儿再精读。

屏幕显示

启迪智慧

子曰："温故而知新，可以为师矣。"（《为政》）

子曰："学而不思则罔，思而不学则殆。"（《为政》）

子曰："知之者不如好之者，好之者不如乐之者。"（《雍也》）

子曰："三人行，必有我师焉。择其善者而从之，其不善者而改之。"（《述而》）

子在川上曰："逝者如斯夫，不舍昼夜。"（《子罕》）

子夏曰："博学而笃志，切问而近思，仁在其中矣。"（《子张》）

师：第三个收获是启迪智慧。哲人告诉我们很多待人处事、对待自己的方法，特别是思维的方式。"温故而知新，可以为师矣"，经常学习，获得新知，有体会，就能当好老师。反过来，不学习、不思考怎么能当人家的老师呢？"子曰"，读。

（生朗读）

师："子在川上曰：'逝者如斯夫，不舍昼夜。'""夫"读为"fú"。这就是哲言。孔子在河岸看着滔滔的流水说，时间就像这流水一样，永远在奔流，永远在逝去，意思就是说，时间太宝贵了，感慨时间的流逝。毛泽东在写诗的时候就引用了这句话，"子在川上曰：逝者如斯夫"。

屏幕显示

积累语言

子曰："温故而知新，可以为师矣。"（《为政》）

子曰："三军可夺帅也，匹夫不可夺志也。"（《子罕》）

子曰："学而不思则罔，思而不学则殆。"(《为政》)

子曰："知之者不如好之者，好之者不如乐之者。"(《雍也》)

子在川上曰："逝者如斯夫，不舍昼夜。"(《子罕》)

子曰："学而时习之，不亦说乎？有朋自远方来，不亦乐乎？人不知而不愠，不亦君子乎？"(《学而》)

师：我们学习《〈论语〉十二章》的第四个收获就是积累语言，把哲言、警句、成语牢记在我们的心中吧。这些内容，我们都是要背下来的。好吧，请大家各自大声朗诵，老师想听到你们响亮的声音。

（生齐读课文）

师：各自大声读，不要齐读。

（生大声朗读）

点评：整体把握，高屋建瓴；方法点拨，分门别类；思维训练，听说读写，能力培养，知识积累，动静相宜。

三、选点精读

屏幕显示

细读

师：细读两章语录。

屏幕显示

子曰："贤哉，回也！一箪食，一瓢饮，在陋巷，人不堪其忧，回也不改其乐。贤哉，回也！"(《雍也》)

子曰："饭疏食，饮水，曲肱而枕之，乐亦在其中矣。不义而富且贵，于我如浮云。"(《述而》)

师：大家读给我听，“子曰”，读。

（生朗读）

师：你发现了什么？听老师朗读这两则语录。

（师朗读）

师：请同学们再读。“子曰”，读。

（生朗读）

师：下面我们来深入了解。

屏幕显示

回：颜回，孔子最得意的弟子，极富学问。

贤：有道德的，有才能的，高尚的。

箪：古代盛饭用的圆形竹器。

堪：忍受。

忧：忧愁，这里指“为贫困而忧愁”。

饭疏食，饮水：吃粗粮，喝冷水。

曲肱而枕之：弯着胳膊当枕头。

师：一个话题，就是你发现了什么，过一会儿，我们再谈。请大家把有关注释大声地朗读出来，还可以做旁批。各自动起来，边读边做旁批。

（生朗读，做旁批）

师：“箪”字很重要，它指古代用来装饭的小竹篮、小竹筐，当然也有大一点儿的。“贤”字很重要，课文上没有注释，一定要做旁批。“有道德的，有才能的，高尚的”，就是“贤”。有贤德的人就是贤才。成语“求贤若渴”，是说求得那些有道德的、有才能的人就像解决自己的饥渴问题一样。好吧，一起来读一读，“回”，读。

（生朗读注释）

师：要注意这个“饭”字的用法，它在这里就是指“吃，吃饭”。“饭疏食，饮水”，就是指“吃粗粮，喝冷水”。

屏幕显示

子曰："贤哉，回也！一箪食，一瓢饮，在陋巷，人不堪其忧，回也不改其乐。贤哉，回也！"（《雍也》）

孔子说："贤德啊，颜回！（只有）一箪饭，一瓢水，住在穷巷陋室里，别人都忍受不了这种贫困，颜回却依然快乐。真是贤德啊，颜回！"

师：一起来，把层次读清楚。第一层是赞叹，然后具体描述"贤"在哪里，结尾照应开头，再一次赞叹。这种浓厚的赞叹之情就是通过这样简洁的语言表现出来的。"子曰"，读。

（生朗读）

师：没有读出赞叹的语气。"贤哉，回也"，读。

（生朗读）

师：继续读。

（生朗读译文）

师：这多么让人感动啊。大家把这则语录背下来吧。"子曰"，各自背起来。

（生背诵）

师：背得好啊，但语气没有读出来。再背一次，大家一起背。"子曰"，背。

（生背诵）

师：这是孔子在充满深情地赞美有高洁品质的弟子。下面我们再读一次，"子曰"。

屏幕显示

子曰："饭疏食，饮水，曲肱而枕之，乐亦在其中矣。不义而富且贵，于我如浮云。"（《述而》）

师：语速没有把握好，特别是"不义而富且贵，于我如浮云"，这句话的语速没有把握好。“子曰”，读。

（生朗读）

师：还要读好重音。（朗读“乐亦在其中矣”，突出“乐”的重音）再来，“子曰”，读。

（生朗读）

师：继续读。

屏幕显示

孔子说：“吃粗粮，喝冷水，弯着胳膊当枕头，乐趣也就在这中间了。那不合道义而得来的富和贵，对我来说就像天上的浮云一样。”

（生朗读）

师：再穷也有志气，再穷也坚守自己的道德准则。把它背下来吧。“子曰”，背。

（生背诵）

师：孔子用很自欣的语气来写自己的高洁情怀。老师表扬学生，同时也赞美自己的品德。这两则语录非常具有表达艺术，写了两个极端贫穷，但是品德却十分高尚的人。好，一起来，充满感情地读背。

屏幕显示

子曰：“贤哉，回也！一箪食，一瓢饮，在陋巷，人不堪其忧，回也不改其乐。贤哉，回也！”（《雍也》）

子曰：“饭疏食，饮水，曲肱而枕之，乐亦在其中矣。不义而富且贵，于我如浮云。”（《述而》）

（生朗读）

点评：选点深入，优化内容；诵读积累，含英咀华；颐养性情，以读促析；理解词语，知晓大意；小步轻迈，步步为营；循循善诱，引而不发。

师：下面我们来进行有味的品析。

屏幕显示

话题：这两章都……

师：每个人写三分钟，分析这两章语录里面都有什么。这既是思维的训练，又是读书方法的训练，更是阐释能力的训练。要用例子来说话。这两章语录里面都有什么呢？

（生静思默想，动笔做批注）

师：咱们的训练活动是有难度的，难就难在一个“都”字上。这两章语录里面都有什么？自由发言。

生 1：我认为这两章都写了孔子与其弟子的艰苦生活，体现了他们的道德品质和高尚情操。

师：不错。回答简洁而且准确，有层次。多么艰苦的生活呀！“一箪食，一瓢饮”，就那样过下去。“饭疏食，饮水，曲肱而枕之”，连枕头都没有，就那样生活下去。

生 2：我觉得这两章都讲了孔子及其弟子的高尚品德和思想。他们不追求物质上的享受，而是追求道德、精神上的满足。

师：好。四个字——安贫乐道，他们都有安贫乐道的追求，不仅仅是追求，他们就是安贫乐道。

生 3：我认为这两章讲了孔子和他弟子即使穷也不违背自己的道德底线，赞美了孔子和他弟子的高贵品质。

师：一个“贤”字，一句话“不义而富且贵，于我如浮云”，体现了他们的高贵品质，以及保持自己的尊严。

生 4：这两章都有激励志向的语言，既可以鼓励后人，又体现了孔子和颜回的高尚品质与乐观精神。这些都值得敬佩，值得我们去学习。

师：这位同学很聪明，她是从语言的角度来品味的，这对我们来说有很大的启迪作用。岂止这两章，那么多章都有值得我们学习的美好格言和警句。

生 5：我觉得他们都过着常人不能忍受的那种生活，但他们都过得很快乐。

师：你点出了一个字“乐”，这至关重要。一起再来读课文，把“乐”字读得重重的，“子曰”，读。

（生朗读）

点评：对比赏析，紧扣“发现”；草蛇灰线，蓄势待发；异中求同，思维撞击；阅读升华，方法引领；道而弗牵，深化理解。

师：最伟大的恐怕就是，即使艰苦，即使咬牙坚持，即使没有饭吃，内心也是快乐的，这就是至高的精神境界。拿起笔，飞快地做笔记吧。

屏幕显示

这两章都写了穷困。颜回极贫，处之泰然；孔子困窘，自尊自爱。

这两章都写了志趣。颜回贫贱，不改求学的乐趣；孔子不得温饱，却安贫乐道。

这两章都写了心境。颜回穷困，心境恬淡；孔子清贫，视不义之富贵如浮云。

（生做笔记）

师：我看到了同学们在飞快地做笔记。

屏幕显示

这两章都写了追求。前者是孔子的深情赞叹，后者是孔子的自述心志。

这两章都描述生动，情趣盎然，表现了他们高尚的情操、高洁的品性。

（生做笔记）

师：这两章都描述生动，情趣盎然，极短的文字表现了极美的章法特点，同时都表现了他们高尚的情操、高洁的品性。所以，每一章语录都是一篇微型文章。

屏幕显示

这两章都写了“乐”。这种坦然的心境，表现了他们心胸开阔，表现了他们内心强大。

师：最重要的是老师刚才说的一个“乐”字。这两章都写了“乐”，这种坦然的心境表现了他们心胸开阔，表现了他们内心强大。所以说，研读、研习这两章语录，除了积累语言之外，我们获得的最大启迪可能就是做人要有“强大的内心”。

（生继续做笔记）

点评：生动讲析，学生笔记，由动而静，变化节奏；画龙点睛，智慧启迪，拨云见日，豁然开朗。

四、结课

师：一起把这两章语录再背一遍。

（生背诵）

师：今天的作业就是把“这两章都……”整理成微型作文，请认真完成，好不好？谢谢大家，下课。

生：老师再见。

课例赏析

课堂上，学生们诵读、沉思、直抒己见，余老师引领、点拨、赞叹、激励，师生之间适意、畅达的思想交流之花，绵延千年历史古道，散发着迷人芬芳。

“略读”是第一个板块。

“我告诉大家学习方法”，只言片语便消除了学生对陌生经典的畏难心理。于是，老师分类归纳，娓娓道来，春风化雨；学生静心聆听，习得方法，醍醐灌顶。“把哲言、警句、成语牢记在我们的心中吧”，老师直接引导，学生积极背诵。听、记、读、背，活动丰富，亦动亦静，积累语言，涵养性情，启迪思想。

“细读”，是第二个板块，由面及点，于整体理解课文的基础上将学生带入课文最优美之处。

“大家读给我听”，老师组织了丰富的朗读训练活动，手法细腻，层次清晰。朗读吧，让先哲的智慧融入血液，滋养生命。

“这两章都……”，老师引导学生进行对比赏析。原来余老师屡次提醒学生“你发现了什么”，是为深化到比较阅读而暗设伏笔；原来层层递进的训练朗读，是为深刻理解文本精心铺垫。整个活动以诵读为线索，以活动为载体，拾级而上，以读促析，巧妙呼应，于是学生发言口吐莲花，群星闪耀，师生对话和谐共鸣，相映成趣。

“飞快地做笔记吧”，如果品析是学生深入语文世界寻芳采艳，能训练学生的能力，那么讲析则是老师采花酿蜜，与生共飨，能深化学生的认识。

“学而时习之”，用整理微型作文的方式来巩固课堂学习。这样的设计，既能培养学生整理笔记的习惯，又能让学生温故知新，岂不妙哉！

4.《诫子书》课堂教学实录及点评

时间：2016 年 10 月 20 日
地点：辽宁省大连市经济技术开发区红星海学校
点评：董鹏

课例导读

一封经典的家书，一堂厚重的积累课。“一课四学”——“识文词”“知文句”“诵文章”“赏文笔”四项活动，余老师都得心应手。在这堂积累课上，我们看到了余老师的“博观约取，厚积薄发”，以及余老师引导学生“积之于厚，发之于薄”。这样的积累课，为文言文教学提供了模式参考，同时也提示我们师者要有厚重的积累，这样才能把握模式背后的精髓之所在。

一、背景介绍

师：今天我们一起来学习《诫子书》。我们先把书上预习的第一条读一读。

生：（齐读）古人往往在家信中寄语子女兄弟，予以教诲与劝勉，这是中国古代家庭教育的一种方式。课文是诸葛亮写给儿子的一封家书，殷殷教诲中蕴含着深切的期望。

师：好，把这样几个字圈一下。“家信”，《诫子书》的“书”就是“信”的意思；“寄语”，这两个字很高雅，这是写给孩子们看的，写给朋友们看的，写给学生看的。

这篇文章的标题是“诫子书”，“诫子”两个字，表明这篇文章是告诉孩子们做人处事的道理的，这是中国古代家庭教育的一种方式。大家把

“家书”“诫子书”“中国古代家庭教育的一种方式”连起来。

这节课是积累课，积累的事都是大家做，需要做一些课堂笔记。课堂笔记做在什么地方呢？——课本右上角，四个字四个字地往下记，于是你这篇笔记就会非常地好看。

了解一下诸葛亮，读起来。

屏幕显示

诸葛亮（181—234），字孔明，三国时期蜀（shǔ）汉政治家、军事家。

（生齐读）

师：好，他是——

屏幕显示

中国传统文化中忠臣与智者的代表人物。

品格高洁，才学渊博。

鞠躬尽瘁，死而后已。

（生齐读）

师：做笔记。这16个字是对诸葛亮人品和智慧才能的评价。他品格高洁，才学渊博；鞠躬尽瘁，死而后已。“鞠躬尽瘁，死而后已”，这8个字是他自己文章中的，意思是为国家、为人民把自己的一切都奉献出来。“诫子书”，继续读。

屏幕显示

《诫子书》，家训，家书。它高度概括了作者一生的做人准则，堪称教子的千古范文。

（生齐读）

师：再做笔记，“做人准则”“千古范文”。读这样的文章对我们每一个人的修养提升都有好处。

点评：导读提炼，文题解说；习惯培养，知识积累；充分铺陈，迅速入境。

二、一课四学

屏幕显示

一课四学

师：这篇课文没有多大的难度，一般的句子我们借助注释就能够弄懂。我们准备“一课四学”，学四次。第一，识文词。先看课件，大家开始读。

屏幕显示

一学：识文词

诫：告诫、劝勉。
夫（fú）：助词，用于句首，表示发端。
君子：泛指德行高尚、德才兼备的人。
行：操守、品德。
静：宁静专一。
静以修身：在宁静中修养身心。
俭以养德：用节俭来养成好的品德。
淡泊：内心恬淡，不慕名利。
无以：没有什么可以拿来，没办法。
明志：明确志向，坚定志向。
致远：达到远大目标。致，达到。

（生齐读）

师：你们是不是读错了一个字呢？“内心恬（tián）淡”，你们把“恬”读成了“guō”。

咱们的课本上缺少对“君子”的注释，把它添上去。“君子”泛指德行高尚、德才兼备的人。从初中一年级开始到初中三年级，很多古文都和“君子”二字有关。我们要牢固把握“君子”这个概念，很高雅、很纯粹、有修养的人叫“君子”。

“行”，就是“操守、品德”。“夫君子之行”，指的是君子的品德、操守是“静以修身，俭以养德”。如果“君子”两字读不懂，“行”读不懂，我们就会有点儿麻烦。好吧，各自大声地朗读。

（生各自读注释）

师：继续，“广才”，读起来。

屏幕显示

广才：增长才干。

淫慢：放纵、懈怠。

励精：振奋精神。励，振奋。

险躁：轻薄浮躁。险，轻薄。

治性：修养性情。治，修养。

年与时驰：年华随同时光疾速逝去。

意与日去：意志随同岁月而消失。日，时间。

枯落：凋落，衰残。比喻人老志衰，没有用处。

多不接世：大多对社会没有贡献。接世，接触社会。

穷庐：穷困潦倒之人住的陋室。

将复何及：又怎么来得及。

（生齐读）

师：好，请大家拿起笔，画一个句子——“淫慢则不能励精，险躁则不能治性”，这是《诫子书》中最难理解的句子。我们再看这个句子，读。

（生齐读）

师："淫慢则不能励精，险躁则不能治性"，放纵懈怠就不能振奋精神，轻薄浮躁就不能修养性情。再把这四个词读一读。

屏幕显示

淫慢：放纵、懈怠。

励精：振奋精神。励，振奋。

险躁：轻薄浮躁。险，轻薄。

治性：修养性情。治，修养。

（生齐读）

师：很好，现在我们一起来关注课本的注释，读三分钟。这样，我们再读课文的时候基本上就没有问题了。

（生自读注释）

点评：一学，识文词。学生听、记、读、背，充分调动感官，教师巧妙点拨，适时讲解，为后面"三学"奠基。

屏幕显示

二学：知文句

师："书读百遍，其义自见"，开始"知文句"。这就要看你们读书的效果怎么样，我读课文，你们说句子的意思。"夫君子之行，静以修身，俭以养德"，请说。

生：德行高尚的人……

师：还是指着书上的字在说，要尝试着自己说。"君子的德行、操守"，说。

（生感觉有难度）

师：（出示课件）说起来吧，每个人说三遍。

屏幕显示

君子的行为操守，在宁静中修养身心，以节俭来培养自己的品德。

（生齐读）

师：把“以”字圈起来。这个“以”就是“用”的意思，“俭以养德”就是“以（用）节俭来培养自己的品德”，翻译的时候要把“以”放在前面。把这句话再读一遍。“君子的行为操守”，读。

（生齐读）

师：大家看，把“以”字弄懂了，这句话也就弄懂了。再来看第二句，“非淡泊无以明志，非宁静无以致远”，说起来。

（生自由说）

师：一个人，不能做到淡泊名利，就不会有大的志向；一个人，不在宁静中思考、学习、修身养性，就没有办法达到大的目标。这是非常有哲理的话。我们再来说。

屏幕显示

内心不恬淡就不能明确自己的志向，没有宁静修炼就不能达到远大的目标。

（生齐读）

师：人们把这句话提炼为八个字——淡泊明志，宁静致远。第三句，“夫学须静也，才须学也，非学无以广才，非志无以成学”，说起来。

（生自由说）

师：这是最简单的一句，说一遍就可以了。

屏幕显示

学习时必须静下心来，增长才干必须靠学习。不学习就没有办法增长才干，没有志向就不能成就学业。

（生齐读）

师：真是字字珠玑啊！说说下面的难句：“淫慢则不能励精，险躁则不能治性。”

（生自由说）

屏幕显示

放纵懈怠就无法振奋精神，轻薄浮躁则不能修养性情。

（生齐读）

师：好，最后一个层次，老师带领大家分析。作者说，年华随着时间流逝，意志与岁月一起消磨，于是人就像枝枯叶落一样，大多不能对社会有贡献，等到悲凉地困守在穷家破舍里，悔恨也就来不及了！如果说文章前面的内容很理性的话，那么这里就是很生动、很形象的描述了。不过，同样告诉我们人生的道理。“年与时驰，意与日去，遂成枯落，多不接世，悲守穷庐，将复何及”，说起来，读起来。

屏幕显示

年华随着时间流逝，意志与岁月一起消磨，于是枝枯叶落，大多不能对社会有贡献，等到悲凉地困守在穷家破舍里，（悔恨）也就来不及了！

（生齐读）

师：大家一起读起来——

屏幕显示

君子的行为操守，在宁静中修养身心，以节俭来培养自己的品德。内心不恬淡就不能明确自己的志向，没有宁静修炼就不能达到远大的目标。学习时必须静下心来，增长才干必须靠学习。不学习就没有办法增长才干，没有志向就不能成就学业。

放纵懈怠就无法振奋精神，轻薄浮躁则不能修养性情。年华随着时间流逝，意志与岁月一起消磨，于是枝枯叶落，大多不能对社会有贡献，等到悲凉地困守在穷家破舍里，（悔恨）也就来不及了！

（生齐读）

师：看来“知文句”也是一个很艰难的过程，谢谢大家。继续做笔记。这篇文章告诉了我们非常深刻的人生哲理——“静以修身，俭以养德”，“淡泊明志，宁静志远”。这16个字是文章的精华内容。

屏幕显示

静以修身，俭以养德。

淡泊明志，宁静致远。

点评：识文词，知文句；巧妙对接，收放自如；文句疏通切实有效，情感哲思巧妙渗透。

师：好的，我们继续学习。诵文章，读与背。

屏幕显示

三学：诵文章

师：老师先训练大家平稳、深沉地朗读。这是寄语子弟的家书，因此，一定要读出语重心长的语气。

屏幕显示

诫子书

/ 诸葛亮 /

夫君子之行，静以修身，俭以养德。非淡泊无以明志，非宁静无以致远。夫学须静也，才须学也，非学无以广才，非志无以成学。淫慢则不能励精，险躁则不能治性。年与时驰，意与日去，遂成枯落，多不接世，悲守穷庐，将复何及！

（师范读）

师：大家尝试一下，平稳地、深沉地朗读。

（生自由朗读）

师：好听，读出味道来了。老师再优化一下。读好这篇文章的秘诀在哪里呢？不少句子的第一个字要稍微拖长一点儿，但是语气、气息又不能中断。大家听。（师范读）再尝试一遍。

（生自由朗读）

师：又是一次美好的进步，有的同学已经读入迷了，手都开始做动作了。老师很高兴。

师：继续读，要把层次读清晰。第一层，讲的是做人的原则、修身养性的原则。第二层，讲的是学习的重要性。第三层，讲的是克服我们的陋习，从反面讲要修身养性。第四层，你们看看，“年与时驰，意与日去”，告诉我们什么道理呢？（生答“珍惜时间”）对了，珍惜时间。各自朗读，注意，每一层结束停顿一下。

（生自由朗读）

师：我已经听出来了。为什么要读出层次之间的停顿呢？如果你懂得它内部的结构和每部分的作用，你才会停顿。如果你不知道，你就会使劲地往下读。好的，同学们，现在还有一个地方要读好，就是最后八个字“悲守穷庐，将复何及”。语速要慢下来，因为文章要收束了，“将复何及”这几个字要读出强调的语气，语速尤其要慢。读。

（生读）

师：读得像模像样啊，是不是又要做笔记了？《诫子书》，给后人谆谆告诫、殷殷教诲，它文短情长，蕴意深远。

屏幕显示

谆谆告诫，殷殷教诲。

文短情长，蕴意深远。

（生齐读，做笔记）

师：一起来背一下课文，可以看书，也可以闭着眼睛背，要用刚才朗诵的语气背。“夫君子之行”，背。

（生齐背课文）

师：我要表扬每一位同学。

点评：引导学生平稳、深沉地诵读，把层次读清晰，读出层次之间的停顿，在美读中解内容，悟情感。

师：我们还有一个任务——赏文笔。这是一个很简单的话题，就是品析《诫子书》的语言美。

屏幕显示

四学：赏文笔

师：“静以修身，俭以养德”这八个字非常简洁，富有哲理，用对称的形式来表达。对称就是一个美点，而且读起来有音韵之美，这就是语言美。一个字用得好，一个词用得好，句式美妙，等等，都是语言美的体现。

思考一下，你觉得哪个地方写得美，就阐释一下。静思两分钟，我们来交流。

（生思考，动笔）

师：我观察到你们的习惯很好，就是静思的时候也在动笔。可以说话了，请举手发言。

生1：我认为“淫慢则不能励精，险躁则不能治性”这句话很美，因为它很押韵，用了对称的手法，还从反面来阐述自己的观点，富有哲理。

师：多好啊，好像是否定的句式，但表达的是极肯定的意思。对称非常精致，“淫慢”对“险躁”，“励精”对“治性”，两个句子也是对称的，形式很美，内容也很美。

生2：“悲守穷庐，将复何及”这句话非常好，“穷庐”就是穷困潦倒之人住的陋室。这句话的寓意是，如果不努力就没有好的未来。

师：他用极简洁的语言假设一个情景，来告诫我们不要到了“悲守穷庐”的地步才后悔。

生3：我认为“年与时驰，意与日去，遂成枯落，多不接世，悲守穷庐，将复何及”这一句非常好。它从整体上强调了诸葛亮想告诉子女们要珍惜时间，好好学习。

师：本来说一句“年与时驰，意与日去”就够了，他非得一再强调。本来说珍惜时间就行了，他还说了不珍惜时间的危害，“遂成枯落”，层层递进，让我们觉得真的要珍惜生命、珍惜时间。

生4：我觉得“非淡泊无以明志，非宁静无以致远”这句话运用得好。诸葛亮想告诫儿女，只有内心恬淡、不慕名利才能明确自己的志向，朝这个志向去努力；学习的时候不安静的话就没有办法达到远大目标。这句话就是诸葛亮告诫儿女一些学习的方法。

师：这句话说的应该是做人的原则、修身养性的原则。它的句式是“非……无以”，用双重否定表肯定的意思。

生5：我认为“遂成枯落”这句话好。它用了比喻的手法，表层意思是树枝干枯落下，其实是想告诫孩子不要浪费时间，不要等到老去却没有为社会做出贡献。

师：“枯落”是最形象的两个字。也许不到老去就枯落了，也许你因为不学习，不修身，不上进，哪怕年富力强，也可能是像枯枝落叶一样的人，因为你没有本领为国家效劳。

生6：我觉得“非学无以广才，非志无以成学”这句话很好。它告诉我们想要学习就要先立志，只有学习才能够增长才干。

师：如果我们简单说这个句子的意思，就是“学以广才，志以成学”，坚持学习才会有才干，只有立志才能学好。为什么把“非志无以成学”放在后面讲呢？因为这样读起来，在音韵上、音节上、音调上会更美。

点评：学读、析读、品读，逐层深入。师生对话，精彩绝伦。

三、结课

师：看来大家真的是把课文读到心里去了。老师小结，你们做笔记，这次把笔记做在左边。

这篇课文的文学境界非常高。它有简练精辟的语言；它有对仗工整的句法；它运用了正反相映的手法；它进行了生动形象的说理，设想你“遂成枯落”，设想你“悲守穷庐”，但是你后悔都来不及啊；还有铿锵有力的音韵，读起来朗朗上口，震撼心灵。实在是千古范文！

屏幕显示

简练精辟的语言
对仗工整的句法
正反相映的手法
生动形象的说理
铿锵有力的音韵

师：《诫子书》，字字珠玑，句句哲理。它箴规子弟，“箴规”就是“警示、告诫”；泽被后世，就是让后世的人都享受到它的光辉。同学们，我们把这课的读书笔记读一读吧。

屏幕显示

品格高洁，才学渊博。
鞠躬尽瘁，死而后已。
静以修身，俭以养德。
淡泊明志，宁静致远。
谆谆告诫，殷殷教诲。

文短情长，蕴意深远。

字字珠玑，句句哲理。

箴规子弟，泽被后世。

（生齐读）

点评：教师“博观约取，厚积薄发”，学生课堂积累丰富。

课例赏析

精细的内容，精巧的安排。

《诫子书》哲思丰富，意蕴无穷，余老师的教学设计何尝不是构思精巧？他将教学内容设定为“一课四学”——“识文词”“知文句”“诵文章”“赏文笔”四项活动，每一项活动都得心应手。

精辟的语言，精彩的碰撞。

《诫子书》字字珠玑，句句哲理，余老师的课堂语言又何尝不是辞简意丰？学生美妙的朗读声、自由的交流声像火焰，燃烧着整个课堂，而余老师的点拨总是适时出现，适可而止，让学生自主地催发出一次又一次的热浪。

精微的心思，精神的感召。

《诫子书》中有诸葛亮对儿子的谆谆告诫之语，余老师对学生又何尝不是满溢期盼之情呢？在整堂课中，每一环节都渗透了余老师对大家精神的感召。学生们读得起劲，余老师讲得动情。老师、学生都像穿越了千年和诸葛亮直接对话，这种投入无须言语了吧。

5.《孙权劝学》课堂教学实录及点评

时间：2015 年 4 月 2 日

地点：海南省海口市国兴中学

点评：方仁艳

课例导读

就短小的文言文的教学而言，“短文趣教”“短文美教”是每一位语文老师的追求。到底怎样做到“趣”？怎么形成“美”？在“趣教”“美教”的同时，如何达到学生活动充分、课堂积累丰富的境界？如何做到文字、文学、文化的融合？相信余老师的《孙权劝学》课堂教学实录，会对我们有启发。

一、背景介绍

师：同学们！现在上课，我想听大家读书的声音。“孙权劝学”，读！

屏幕显示

孙权劝学

/《资治通鉴》/

初，权谓吕蒙曰：“卿今当涂掌事，不可不学！”蒙辞以军中多务。权曰：“孤岂欲卿治经为博士邪！但当涉猎，见往事耳。卿言多务，孰若孤？孤常读书，自以为大有所益。”蒙乃始就学。及鲁肃过寻阳，与蒙论议，大惊曰：“卿今者才略，非复吴下阿蒙！”蒙曰：“士别三日，即更刮目相待，大兄何见事之晚乎！”肃遂拜蒙母，结友而别。

（生齐读课文）

师：同学们能够放开嗓子读，这就是好的开端。继续读，看课文标题下面的导读语，它点出了课文的味道。

生：（齐读）本文简练生动，用不多的几句话，就使人感受到人物说话时的口吻、情态和心理，既可见孙权的善于劝学，又表现了吕蒙才略的惊人长进。其中鲁肃与吕蒙的对话富有情趣，尤其值得玩味。

师：把“情趣”两个字画下来，“鲁肃与吕蒙的对话富有情趣”。我们再加两个字，两个什么字呢？“孙权对吕蒙说话，富有——情味”！一处是情味，一处是情趣。按照课文所说，我们都要细细地玩味。“玩味”，也要圈下来。“玩味”，就是品析、欣赏。这节课，我们还是要先了解一下背景材料。其实课本上已经有了，我们对着屏幕读一读吧！

屏幕显示

《资治通鉴》是北宋司马光主持编纂的一部编年体通史，记载了从战国到五代共1362年间的史事。

司马光（1019—1086），字君实，北宋政治家、史学家。

（生齐读）

师：有两处常识，在书上做好标记。一处是编年体通史，就是按年代的顺序来编写的历史书；一处是作者司马光，北宋的政治家、史学家。这就是我们这篇简短的课文——一个美好的文言小故事的背景材料。

点评：开课三读，一石三鸟——提示方法，养成习惯，预做铺垫。

二、学习活动

屏幕显示

学习活动：三个“10”

理解10字词

（一）理解10字词

师：今天我们来实践一种特别的学习活动——三个“10”。第一步，理解10个字词。仍然是先读课文。刚才大家读课文，不足之处在哪里呢？没有起伏。其实它是故事，要体味故事的味道。各自读起来。

（生自由朗读课文）

师：好，换一个视点，我们要关注注释。现在各自大声地朗读注释，第一条就不要读了。开始吧！

（生齐读注释）

师：读得好，我观察了，大家都在读。下面我们要重点理解这10个字词。一起来读一遍。

屏幕显示

涂：道，途。

治：研究。

涉猎：粗略地阅读，浏览。

孰若：怎么比得上。

以为：认为。

大有所益：非常有益处。

就：从事，开始进入。

非复：不再是。

更：重新。

刮目相待：另眼相看，用新的眼光看。

（生齐读）

师：请观察，把课文注释中没有的内容补上去，特别是“就”。“蒙乃始就学”的“就”，它的意思是“从事，开始进入”。这个字，现在在口语和书面语里面都能用到，比如“就业”，开始做事，进入某一种行业叫“就业”。还有一个双音节词是一定要学会运用的，就是“涉猎”。在这里，“涉猎”就是指广泛地看书。这是一个雅词，我们常常用到它，说这个人读书涉猎面很宽，就是说这个人读书很多。还有一个字要注意，就是“治”，“治学”在课文中是“治经”，“治”就是研究的意思。我们常常说某一位读书人治学的水平很高，这个“治学”就是研究学问。大家要把“治学”“就业”这两个词批注在有关注释的旁边。

好，现在每个人都要自读自讲，结合屏幕上面和课文的注释，给自己讲课文内容。我观察大家的动作。大声地讲，开始吧！

（生各自结合注释讲课文）

师：好的，很用心。下面，一起来看老师给你们带来的材料，读起来吧！

屏幕显示

当初，孙权对吕蒙说：“你现在当权管事了，不可不学习！”吕蒙以军中事务多来推辞。孙权说：“我难道想要你钻研经书当博士吗！只要你粗略地阅读，了解以往的事情罢了。你说事务多，怎么比得上我呢？我经常读书，自以为大有益处。”吕蒙于是开始学习。鲁肃到寻阳的时候，和吕蒙谈论，他十分惊奇地说：“以你现在的才干、谋略来看，你不再是那个吴下阿蒙了！”吕蒙说：“士别三日，就要另眼看待，长兄知道这件事为什么这样晚呢！”鲁肃于是叩拜吕蒙的母亲，与吕蒙结为朋友就分别了。

（生齐读）

师：好！动笔，把“吴下阿蒙”“士别三日”“刮目相待”圈下来。它们是成语。成语就是从故事、古籍里面流传下来的语料，我们现在往往用“吴下阿蒙”来形容读书还没读好的人，往往用“士别三日，刮目相待”或者“士别三日，刮目相看”来表现对一个人飞速进步的夸赞。这篇课文里面还有一个难词——“当涂”。“当涂”，当道，在路上，可以理解为“当权”的意思。也有人说，这个“当涂”是个地名，“当涂掌事”就是当涂县那个地方管事的人。另有一个地方要注意，“蒙辞以军中多务”，“以”就是“用”，用军中的事务太多来推辞。

点评：理解字词，强调重点；读读讲讲，通晓文意；动口动手，自然天成。

（二）朗读10分钟

屏幕显示

学习活动：三个“10”

朗读10分钟

师：好，我们理解文意、重点认读10个字词的学习任务告一段落。现在又要让大家累了，朗读课文10分钟，要背诵下来。

（生惊得张大嘴巴，睁大眼睛）

师：别把眼睛睁那么大，要放开的是我们的嗓子。老师告诉你们怎么读，要掌握技巧，读出叙事的语气。

屏幕显示

叙事语气

（师以叙事的语气示范朗读）

师：要像讲故事一样讲给人家听。好，大声地读、讲故事。

（生以叙事的语气自由朗读）

师：聪明的学生会把背诵和体味放在一起，一边体味讲故事的语气，一边背诵。我们还要读出具体语境中的重音，比如说，鲁肃与吕蒙论议，听见吕蒙讲一些道理，觉得他太有才了，于是“大惊曰”，这个“大惊”就要读重音。还有吕蒙调侃的话，“大兄何见事之晚乎”，“何”字也可以稍微地强调一下。当然，孙权的话也有重音，“不可不学”，要读出教导、训诫的语气。所以，朗读叙事文章的时候还要注意语气、语调、重音。

屏幕显示

叙事语气
语境重音

师：请大家继续练本领吧，读起来。

（生再次自由朗读，注重语气、语调、重音，一些学生诵读时还伴有肢体动作）

师：好的，读得多带劲啊，各具情态，姿势都很好看。这边还有一个小男孩儿，好像在用手势说话，他背的时候好像身在情境中了。大家再看看，继续读，要把文章的逻辑层次分清楚。

屏幕显示

叙事语气
语境重音
逻辑层次

师：过一会儿，男生读一层，女生读一层。现在观察，哪些是男生读的内容呢？很简单，吕蒙和孙权之间有故事吧？

生：有。

师：那就好办。吕蒙和孙权之间有故事，还有呢？（生答“吕蒙和鲁肃之间有故事”）哦，真聪明！读起来。

（男生读“初……蒙乃始就学”部分，女生读“及鲁肃过寻阳……结友而别”部分）

师：读清楚了，但有很大的不足，重音没有读出来，特别是男生，女生有几处重音读得还比较好。重来！男生读一层，女生读一层。“初，权谓吕蒙曰”，读！

（男生读“初……蒙乃始就学”，女生读“及鲁肃过寻阳……结友而别”。师在听读过程中把“不可不学”“大有所益”“大惊曰”的重音读了出来）

师：表扬！轻轻地合上书吧，我们要开始背诵了。一起来！

（生齐声背课文，能背出重音，语速较慢）

师：多好哇！你们应该赞赏自己！

点评：朗读指导，角度细腻；背读积累，加深理解；自然成诵，富有情趣。

（三）品析 10 美点

屏幕显示

学习活动：三个“10”

品析 10 美点

师：接下来思考文中的美点，又要劳累大家了，拿起你们的笔吧。

屏幕显示

开门见山之美

师：这篇课文有非常多的美点，比如说，开门见山之美。

屏幕显示

开门见山之美

镜头剪辑之美

师：聪明的人已经开始做笔记了。比如说，镜头剪辑之美。它展现在我们面前的是美妙的场景，是微型的画面，而且富有动感，有人物的对话在其中。

屏幕显示

开门见山之美

镜头剪辑之美

两个故事之美

师："两个故事之美"，这又带出另外一种美，就是手法美。老师不说了，留给你们来发现。第二个故事用了什么手法呢？有什么作用呢？好吧，老师已经说了三处，大家品析一下，你们自己认为课文的美点在哪里。其实，这篇课文导读语的第一句话就点明了，"简练生动"就是美点。好，思考，写作。

（生各自写作）

师：大家可以开始说话了。有两条规矩：第一，不举手，站起来就说话，老师再评价你的答案；第二，要大声说话。

（生自主起立回答）

生1：我认为，鲁肃与吕蒙这段对话非常有情趣美。理由是，首先，"及鲁肃过寻阳，与蒙论议"，从"论议"这个词我们可以感受到气氛非常严肃。接着后面一句"非复吴下阿蒙"，这个"阿蒙"却有亲昵的意味。之后再来一句"大兄何见事之晚乎"，这个"大兄"更是增进了他们之间的情感。所以，这段对话非常有情趣美。

师：说得多好啊！请坐！由"论议"引发了生动的对话。

生2：我从吕蒙与鲁肃这段对话体会到侧面描写的美。理由是"肃遂拜蒙母，结友而别"，"拜蒙母""结友而别"从侧面写出了吕蒙的变化之大，进步之快，也写出了鲁肃爱才敬才。

师：文章写了鲁肃夸奖吕蒙的进步大，这就是侧面手法。很明显，这篇文章是先有正面描写，再有侧面烘托。

生3：“及鲁肃过寻阳，与蒙论议，大惊曰”，从这个“大惊”可以看出吕蒙在接受孙权一番劝学之后进步很大，这也是侧面描写。

师：“惊”字用得好！他觉得很奇怪，怎么有那么大的进步呢！不仅是“惊”，前面还有一个修饰语，“大惊”，写出了惊讶的程度。

生4：用“蒙乃始就学”结束了前面的故事，引出后面的故事，并为后面的“大惊曰”做铺垫。

师：分析得太好了！我再补充一下，“蒙乃始就学”是略写，给我们留下了想象的余地。他是怎样学习的呢？不说，让我们去想。多美妙的笔法！

生5：“士别三日，即更刮目相待，大兄何见事之晚乎！”这句话用调侃的语气写出了学习的重要性和影响，还衬托出了吕蒙的进步之大，和前文形成对比。

师：很好！这句话还体现了两个人之间的关系亲密，能够开玩笑。

生6：我觉得这篇课文还有一种联想之美。“肃遂拜蒙母，结友而别”，他（指生2）说鲁肃爱才敬才，所以和吕蒙结交了朋友。可是，结交朋友之后鲁肃会不会向吕蒙学习？这就给人联想的空间。

师：给我们想象的余地，而且这个“结友而别”一定有个仪式，给人很庄重的感觉，同样地写出了对吕蒙的敬重。你们分析得都很到位啊！

生7：我在读孙权与吕蒙的对话时，体会到了前辈的教诲之美。孙权是一个慈善的前辈，从“不可不学”“孰若孤”可以看出。“孰若孤”的反问体现出了孙权对吕蒙非常关心，孙权希望吕蒙好好学习，从而成才。

师：好！换一种说法，这体现了主帅对下级的严格要求，孙权想要他多学习。他们这三个人年龄差不多，孙权不算前辈。好吧，很高兴，同学们有精彩的分析。请大家好好地做笔记。

屏幕显示

语言简洁之美	开头结尾之美
对话描写之美	层次清晰之美
微型故事之美	轻波微澜之美
人物刻画之美	详略有致之美
手法运用之美	情趣理趣之美

师：这么多的美点呀！你们也可以从这样的角度去分析其他的文章。看，语言简洁之美，对话描写之美，还有微型故事之美，语文教材里面有很多微型故事，比如《咏雪》，它也是微型故事。人物刻画之美，小小故事里面的人物形象栩栩如生。手法运用之美，比如，正面描写、侧面描写，还有空白手法，等等。开头结尾之美，课文开门见山，结尾余味悠长，这里的结尾戛然而止，没有议论，没有抒情。层次清晰之美，课文非常明显地分为两个部分。轻波微澜之美，这是你们没有看出来的。比如，孙权劝吕蒙好好读书，吕蒙竟然推辞了一下，这就是波澜。再如，鲁肃和吕蒙对话时，感到非常惊讶，平静之中又起波澜。文中还有情趣理趣之美。什么叫“理趣”呢？这个故事蕴含道理，道理就体现在“不可不学”四个字上，道理就体现在“士别三日，即更刮目相待”这十个字上。要好好地学习，要奋斗，要让人察觉到你的进步。看看，不起眼的一篇小故事，到处都是美点。

三、结课

师：这节课我们进行了语言积累，还进行了课文赏析。同学们都很辛苦，谢谢大家！下课！

生：老师您辛苦了，谢谢老师！

师：谢谢同学们！再见！

点评：变换形式，调整节奏；前读后写，注重思考；文学欣赏，精彩纷呈；

教师小结，整体提升。

课例赏析

本课主要的学习活动是“三个‘10’”，三个板块，层层推进，学生活动充分，积累丰富。

课堂伊始，朗读课文，齐读导读语，再读作品、作家简介。三次朗读，还圈画做笔记。这样的开课，一石三鸟：提示阅读的方法，养成学习习惯，为下面的学习做好铺垫。

“理解 10 字词”是第一项学习活动，以学生的读为主，学生各自读课文，读出故事味；读课下注释，读老师补充的注释，讲课文内容。最后对照老师的翻译，巩固对 10 个关键词语的理解。这一环节，又为后面两项学习活动做了坚实的铺垫。

第二项学习活动“朗读 10 分钟”，也就是“背读积累”，富有情趣，给学生及听课的老师以“士隔 10 分钟，即更刮目相待”之感。余老师要求学生 10 分钟把课文背下来，学生觉得难度很大。及至读出“叙事语气、语境重音、逻辑层次”，学生背诵这篇小故事已是水到渠成。学生积累之快，老师设计之巧，令人赞叹。

朗读环节可谓“诗意手法”，角度精细，手法艺术，充满美感。

第三项学习活动“品析 10 美点”，以写为主，课堂节奏有了起伏，学习方式也有了变化。学生能品析出故事情趣之美，人物形象之美，等等，老师加以补充，小结 10 大美点，扩大了学生的视野，促进了学生的学习。

文言文的学习，关乎文字、文学、文化。余老师的文言文教学，既有文字的积累落实，又有文化的熏陶感染，更有文学的品析欣赏。

6.《共工怒触不周山》课堂教学实录及点评

时间：2016 年 5 月 28 日
地点：河南省汝阳县外国语实验中学
评点：杨雪桥

课例导读

神话是远古先民对自然和社会现象的一种认知与表达方式。先民理解神秘世界时，往往以己观物、以己感物，运用一种伴随着浓烈情感体验的具体、形象的思维去幻想和加工。《共工怒触不周山》这个课例将引领我们走进远古神话的教学之中，探索短短 46 字的小文所蕴藏的丰富的教学资源，品一品课文中历史的味道、神话的味道、文学的味道。

一、入课

师：请同学们齐读课文，“共工怒触不周山”，读。

屏幕显示

共工怒触不周山

/《淮南子》/

昔者，共工与颛顼争为帝，怒而触不周之山，天柱折，地维绝。天倾西北，故日月星辰移焉；地不满东南，故水潦尘埃归焉。

（生齐读）

师：继续朗读，请读注释，读起来。

屏幕显示

《淮南子》：又名《淮南鸿烈》，是西汉淮南王刘安及其门客集体撰写的一部著作。

共工：传说中的部落领袖，炎帝的后裔。

触：碰、撞。

不周山：山名，传说在昆仑西北。《山海经·大荒西经》载："大荒之隅，有山而不合，名曰不周……"

昔者：从前。

颛顼（zhuān xū）：传说中的五帝之一，黄帝的后裔。

天柱折，地维绝：支撑天的柱子折了，系挂地的绳索断了。古人认为天圆地方，天有八根柱子支撑，地的四角有大绳系挂。维，绳子。绝，断。

水潦（lǎo）：泛指江湖流水。潦，积水。

尘埃：尘土，这里指泥沙。

焉：文中译为"这，这里"。

（生齐读）

点评：读课文，读注释。简洁的开场，本色的开场，实在的开场。

二、课文品读

师：现在进入课文品读环节，品"历史的味道"，请大家先拿起笔。

屏幕显示

历史的味道

师：炎帝、黄帝在历史上有重要意义。请大家做笔记。

屏幕显示

黄帝：也称轩辕黄帝，约5000年前古华夏部落联盟首领。

（生做笔记）

师：为什么要知道“历史的味道”？《共工怒触不周山》是神话作品，所以与此相关联的内容在历史中没有记载。

屏幕显示

炎帝：与黄帝同时代。中国上古时期姜姓部落的首领，号神农氏。

师：炎帝、黄帝曾经有过激烈的矛盾，他们之间发生过大战，后来联盟，于是自古以来他们被称为“人文初祖”，我们自称为“炎黄子孙”。

屏幕显示

传说炎黄之间发生过大战，后来结盟。自古以来人们尊奉他们为中华民族人文初祖，华人自称“炎黄子孙”。

师：共工和颛顼分别是炎帝和黄帝的后代，所以炎黄之间的矛盾还是在历史中得到了反映。“人文初祖”和“炎黄子孙”，我们可以做一下课堂笔记。

颛顼，中国上古部落联盟首领，黄帝之孙。他们的权力是一代一代地传下来的。

屏幕显示

颛顼：中国上古部落联盟首领，黄帝之孙。

师：共工，传说中的部落领袖，水神。他是炎帝的后裔，相当于孙子辈的人物。

屏幕显示

共工：传说中的部落领袖，水神。炎帝的后裔。

师：好吧，读一读，“传说”，读。

屏幕显示

传说共工与颛顼素来不合，发生惊天动地的大战，最后共工失败而怒触不周山。

（生齐读）

师：于是就有了神话传说——《共工怒触不周山》。

点评：第一板块——品“历史的味道”。追根溯源，介绍背景，融知识性、趣味性于一体。

师：继续我们的课文品析，品“神话的味道”。

屏幕显示

神话的味道

师：大家再来读课文，“昔者”，读。

（生齐读课文）

师：不错，我们再来看一看有关的注释，各自朗读。

（师再出示注释，生再朗读）

师：好的，我来告诉大家怎样把课文读得更好听。就像讲故事一样读，而且要强调重音。哪个字最需要读得重呢？肯定是“怒”字，“怒而触”，“怒”和“触”要读得重。还有一个字，这个字是表示句子的层次的，就是“故”字，这个字后要停顿一下。“故 / 日月星辰移焉”“故 / 水潦尘埃归焉”，两个“故”字要读好。“昔者，共工与颛顼争为帝”，读。

（生齐读课文）

师：进步了一点儿。再来读，把层次读清楚。我来告诉大家如何划分层次。“昔者，共工与颛顼争为帝，怒而触不周之山，天柱折，地维绝。”“天柱折，地维绝”是怎样的情景呢？“天倾西北，故日月星辰移焉；地不满东南，故水潦尘埃归焉”，做了具体的描写。所以，课文第一层是写“天柱折，地维绝”，是概略地写。后面的内容就是细细地写。朗读时“地维绝”三个字后面要略做停顿。注意要读出故事的味道，读出重音，读出层次。“昔者”，读。

（生齐读课文）

师：停顿不够明显。再来。

（生齐读课文）

师：好的，各自口头翻译课文，开始吧。

（生各自口头翻译）

师：我们一起来读一读。

（屏幕显示，生齐读）

屏幕显示

译文

从前，共工与颛顼争做部落首领。（共工在大战中惨败），愤怒地（用头）撞击不周山，支撑着天的柱子折断了，拴系着地的大绳子也断了。（结果）天向西北方向倾斜，太阳、月亮、星星都向那边移动；地的东南方塌陷了，于是江湖泥沙都往那里汇集。

师：大家各自像讲故事一样再把译文讲一遍。

（生自讲）

师：好的，我们已经反复地读过、说过了。神话，充满美妙的想象。请同学们描写《共工怒触不周山》中“怒触不周山”的情景。整个画面充满战争的氛围，一定有声响，一定有火光，一定有人物的神情仪态。总之，你得展开奇异的想象，描写这幅“怒触不周山”的画面。写作时间为五分钟，开始吧。

屏幕显示

写

请描写《共工怒触不周山》中“怒触不周山”的情景。

（生写作）

师：好的，我观察了一下，人人动笔了，写得多的有一百来字，写得少的有二十来字。请把自己的作品轻声朗读一遍。

（生轻声朗读）

师：愿意朗读自己作品的同学请举手。

生1：共工失败后，一气之下撞向不周山，不周山立即倒塌。随之而来的是撑天的八根柱子一一折断，轰隆隆地倒塌了。拴系着地的大绳子也支撑不住，接二连三地断了。一时间天向西北方倾去，浩瀚星辰全部移动了。地的东南方塌陷了，水和泥沙都往那里汇集。战火绵绵，天地动荡。

师：很流畅、完整，但“怒触”一瞬间的惨烈景象没有很好地想象。

生2：硝烟四起，战斗还在继续。共工看到此景，怒气冲天，却无能为力，于是用头撞击不周之山。不周山立即崩塌，四周一片狼藉。日月星辰向这里移动。地的东南方塌陷了，江河流水向那里汇集。

师：好的，谢谢你！注意，声音的描写能把情境渲染得更加惨烈。还要注意，“一片狼藉”，它的范围是很小的，像这种宏大的战争场面，就不能用“狼藉”来形容。

生3：在大败以后，神情狰狞而又凶恶的共工冲向不周山，愤怒驱使他狠狠地用头撞向不周山。霎时，不周山中间裂开了一条深缝，轰隆隆的响声回荡在耳边，支撑天的柱子也崩塌了。

师：也很流畅，但是写得有点儿温柔。要是能把战争的场面、“怒而触不周之山”的那种暴烈写出来，就更有神话的味道了。

生4：共工在这次大战中惨败，他想："我堂堂一个部落首领，竟然也有失败之时！"于是，他越想越气，最后竟头脑一热，一拳打在了旁边的不周山上。这座山忽然倒塌，并伴着震耳欲聋的响声，支撑着天的八根擎天柱子被这巨大的威力给震折了，系挂着地的绳子也被震断了。

师：不错！但这是"一拳"打的吗？共工多厉害啊，他用力去撞击不周山。他愤愤不平："我要把不周山给撞倒，来压死颛顼！""一拳"的力量是不够的。同学们，可以看出我们的描写是有味道的。好，下面把这个改写过的故事读一读。"共工怒触不周山"，读。

屏幕显示

共工怒触不周山

太阳、月亮和星星为什么东升西落呢，江河的水为什么向东奔流呢？传说是这样的。

很久很久以前，人面蛇身的水神共工想与天地间的统治者颛顼争夺帝位，于是向颛顼宣战。

可是颛顼有黄帝给他留下的军队和兵法，共工没办法打赢他；三年之后，共工退到了西北方的不周山边。

他知道，不周山是撑天的柱子，如果撞倒了不周山，天塌下来，就会压死颛顼。

共工用头拼命朝不周山撞去，"轰隆"一声巨响，不周山被拦腰撞断。西北的天空失去了支撑，顿时倾斜下去，太阳和月亮都向这里滑了过来。东南边的地面塌陷了，地上的河流都向东南方流淌。整个天地发生了巨大的变化。

也有人传说，因为共工撞断了不周山，天上有了很多的大窟窿，于是就有了女娲补天的故事。

（生齐读）

师：神话的美点，一个接着一个呀！所以，我们读神话时一定要展开想象。古代有神话流传下来，也是想象的结果。请大家读一读神话背后的意味。“神话故事”，读。

屏幕显示

神话故事《共工怒触不周山》，反映了远古部族间的斗争，同时涉及天文学与地理学。远古人类不能解释日月星辰运动变化的原因，于是通过大胆的想象来猜测日月星辰都朝西北方移动、江河泥沙都朝东南方向流去的现象。

（生齐读）

师：大家感觉到没有，古人不能理解大自然的现象，于是就去想象，这种想象经过无数年代的流传就成了神话。马克思曾经说过，“任何神话都是用想象和借助想象以征服自然力，支配自然力，把自然力加以形象化。”当然，这种想象不是一个人产生的，它经过了无数年代的流传，经过了很多人的加工。请再看，“这个神话”，读。

屏幕显示

这个神话与水利有关。神话说，共工在怒触不周山之后仍不断地作乱（代表洪水的暴发），最后他被禹杀死了（指治水成功）。

（生齐读）

师：大家说共工厉害不厉害呀？他把不周山撞折了，但他的脑袋却没有破，他还继续作乱。他是水神，继续作乱就代表洪水泛滥。后来他被杀死了，就是指治水成功。美妙的神话！

点评：第二板块——品“神话的味道”。“读”重在理解大意，整体感知，理清层次，培养语感；“写”重在激发想象，扩充内容，启迪思维，练习表达。

师：好的，我们开始品“文学的味道”。

屏幕显示

文学的味道

师：这篇神话结构非常完整，文笔美妙，描写了壮烈的场景，我们一起来欣赏它的文学之美吧。我先说一点，然后你们继续去品析。我给大家点出一个方面的内容，你们可能就会欣赏出更多的内容。

屏幕显示

美美地听记

（文学之美）

师：这则神话中有“记叙的要素之美”，大家说一说记叙的要素。

屏幕显示

1. 记叙的要素之美

生：时间、地点、人物，事件的起因、经过、结果。

师：根据课文说记叙的要素。

（生根据课文各自说记叙的要素）

师：开始分析，还有哪些美感，比如，语言的美、层次的美、神奇的想象之美……请大家做批注，就你欣赏到的一个方面的内容来批注几个字。

（生思考、做批注）

师：好吧，我们试着来欣赏《共工怒触不周山》的文学之美。我们现在把“文学”两个字换一换，改为“表达”，大家可能会更好说一些。

生 5：我觉得“触”字用得非常好，表达出了共工的大怒。

师：这位同学品析了一个“触”字。他还可以进一步深化，指出这个“触”字很有表现力，它表现了什么、写出了什么……这样就更完善了。

或者说，这个动词“触”用得好，然后继续说它为什么用得好。

生6：我觉得“怒”字用得好。“怒”字写出了共工战败之后的愤怒，极富表现力，表现出了共工的勇敢和豪情。

师：好！既是心理活动的描写，也是行为、动作的描写。我们甚至可以想象出共工愤怒地撞击不周山的画面。一个“怒”字很有表现力啊。

生7：我也觉得这个“怒”字用得好。它生动形象地写出了共工失败后的神态、表情，表现了共工的豪气、勇敢，但是，这个字也表现出了共工性格的暴躁、刚烈。

师：还可以说，“怒”字在表达上很有力度，非常简洁，又有表现力。老师为什么要求你们在朗读的时候读出层次呢？其实，那就是为现在大家的品析埋下的伏笔。哪位同学能领会我的意思，来做一点儿阐释？

生8：“天柱折，地维绝”是为下面的“天倾西北，故日月星辰移焉；地不满东南，故水潦尘埃归焉”埋下的伏笔。

师：应该这样说，“天柱折，地维绝”是粗略的概括，后面是细腻的描绘。这就是层次之美，小小的文章就有这样美妙的层次。还有，“天倾西北，故日月星辰移焉；地不满东南，故水潦尘埃归焉”，有句式之美，哪位同学能够阐释一下？还有，哪位同学能阐释“画面”两个字？

生9：“天柱折，地维绝”表现出了共工非常愤怒。

师：其实，“怒而触不周之山”，几个字就描绘出了一幅非常壮烈的画面，而且这幅画面很有动感。好的，谢谢大家！你们经过这样的训练之后，就会大体知道怎样欣赏语言、怎样欣赏手法。一起来听老师讲一讲：这里有记叙的要素之美；情节的空白之美，比如，“争为帝”中的“争”字就没有展开，里面一定有丰美、曲折、复杂的情节，留给我们想象的空间；文段的层次之美，刚才我们已经分析了，这篇短文有两个层次，先概写，再细写；文句的对称之美，大家刚才没有发现，现在再考你们一下，把对称句朗读给我听。

生：（齐读）天柱折，地维绝。天倾西北，故日月星辰移焉；地不满东南，故水潦尘埃归焉。

师：还有动词的精致之美，“天倾西北”的“倾”字多形象啊！“故水潦尘埃归焉”的“归”字多准确呀！更不用说“天柱折，地维绝”的“折”和“绝”了；故事的神奇之美，就是指神话的表现力。还有其他的内容老师已经点过了，比如，动态的描写、画面之美，等等，都跟文学的韵味有关联。好吧，一起读一读。

屏幕显示

1. 记叙的要素之美
2. 情节的空白之美
3. 文段的层次之美
4. 文句的对称之美
5. 动词的精致之美
6. 故事的神奇之美

…………

（生齐读）

评点：第三板块——品“文学的味道”。这是层次较高的品析活动，学生努力探索之后，教师做了精彩的讲析。这丰富了学生的积累，拓展了学生思维的深度。

三、结课

师：我们这节课进行了这样一些美妙的活动：美美地读背，美美地改写，美美地听记。

屏幕显示

教学小结——美读神话

美美地读背
美美地改写
美美地听记

师：谢谢同学们！下课！

课例赏析

读余老师的这个课例，忽然想起倪云林的画——《渔庄秋霁图》：陂陀之上五六株疏树，叶子尽数脱落；一湾瘦水，波澜不兴；一痕远山，静穆幽深。无人际，无鸟踪，无帆影，是最素净、最清澈、最高旷的秋。这课，就如这画一般，都是一种洞彻之后的见山还是山，见水还是水，最简约，又最丰美。

简洁的开场。

“请同学们齐读课文。”“继续朗读，请读注释。”是的，余老师就这样素面朝天、不施粉黛地开场了。没有错彩镂金，也无曲径通幽，亦未设置悬念，而是开门见山、单刀直入，让美丽的神话一下子铺展在学生面前。删去繁文缛节后的琅琅书声，是语文课堂非常需要的。

简约的线条。

“历史的味道”“神话的味道”“文学的味道”，这样的线条清朗而瘦劲，于简约之中颇见功力的深厚。不是程式化的、简单的板块切分，而是逐层递进的能力训练，且不断变换训练形式：有读背，有改写，有听记，体现了课堂活动的节奏之美。

简静的境界。

豪华落尽始见真淳，绚烂之极归于平淡——也许，这才应该是课堂本来的面目。没有让人热血喷张的煽情，没有让人眼花缭乱的招式，没有纷乱喧嚷的仅为形式上的“活动”；有的只是简与静，有的只是素与美，有的只是外观的平静与内在的律动——这才是纯粹的艺术。

这节课，正如罗兰在《秋颂》里所说的具有秋之美的人一般：“这样的美来自内在，他拥有一切，却并不想拥有任何。那是由极深的认知与感悟所形成的一种透彻与洒脱。”

7.《夸父逐日》课堂教学实录及点评

时间：2013 年 4 月 23 日
地点：内蒙古自治区鄂尔多斯市康巴什新区第一中学
点评：龙广春　边玉春

课例导读

《夸父逐日》是一篇简短的神话故事，理解起来基本上没有什么难度，算得上一篇短文、浅文、趣文、美文。如何实现“短文细教”的教学设想，如何彰显“浅文趣教”的教学艺术，如何突显语言学用、关注能力训练，如何高效地利用课文，全面提升学生的语文核心素养，余映潮老师在这一课为我们做了很好的诠释和示范。

活动一：初读神话，了解一种文体

师：好，同学们，上课吧。
生：老师好！
师：同学们好，请坐。

屏幕显示

夸父逐日

师：现在我们一起学习神话——《夸父逐日》。请大家读课文。“夸父逐日”，读——

（生齐读）

师：速度比较快，咱们像讲故事一样地读。

师：（范读）“夸父与日逐走，入日；渴，欲得饮，饮于河、渭……”读——

（生第二次齐读）

师：“未至，道渴而死。”悲壮啊！再读，“夸父与日逐走”，读——

（生第三次齐读）

师：好，过一会儿，咱们继续训练。

师：那么，今天学习的是——

屏幕显示

神话

师：神话。什么叫“神话”？

师：一起读一读。“神话”，读——

屏幕显示

神话是古代先民以幻想的方式集体创作的故事，表现了他们对自然、社会现象的认识和愿望。

（生齐读）

师：古人由于对社会现象、自然现象感到不理解，就用幻想的方式来创造故事，口头的作品流传下来，就成了神话。

屏幕显示

夸父逐日：神话，成语，典故。

师：大家在课文题目“夸父逐日”的旁边做批注。从文体的特点来讲，它是“神话”。在现代生活中，它又成为一个“成语”。当我们引用这个成语或者引用这个故事的时候，它又叫“典故”。比如说，咱们的人造飞行器要上天，就是“夸父计划”，这就用了典故——“夸父逐日”。

点评：巧教之一。“巧”在培养学生的语感意识。开课揭题，直入情境。彰显了余老师简洁导入、高效切入的教学特点。

活动二：趣读神话，积累文言实词

屏幕显示

课文精读

知识积累

师：咱们今天的课，是课文精读、知识积累的课，要做一些学习笔记。

屏幕显示

细读字词

师：好，开始细读字词。

屏幕显示

用成语印证字义

走　渴　饮　泽

至　道　弃　化

师：方法——用成语印证字义。“夸父与日逐走”，哪一个成语里面含有一个“走”字，并且它和“逐走”的“走”字意思一样呢？还有“渴”，哪一个成语里面含有一个“渴”字，并且它跟这个“渴”字的意思是一样的呢？还有“饮”“泽”“至”“道”“弃”“化”等。请大家开始思索，用你知道的某一个成语，来印证某一个字的意思。你们手中的笔要用上。

（生思考）

师：好，我们来说话，要这样说，“走”的意思是“跑”，我用一个成语什么什么来印证。请举手发言。

师：好，试一下。

生1：“渴”，是指人过度运动之后的一种生理现象，我用“望梅止渴”来印证。

师：“渴”就是“口渴”，“望梅止渴”就是止住口渴。这就是用成语印证字义。谢谢！继续。

生2：“欲得饮”的“饮”，就是想要喝水。

师：“喝”的意思，对。

生3：我用“开怀畅饮”来印证字义。

师：“开怀畅饮”是一个成语吗？你说的是一个短语，也行。还有什么样的成语里面含有“饮”字呢？很简单，饮水——

生：思源。

师：饮水思源。这就是成语。好，继续这样举例说明。一个“走”字，好理解吧？“走”的意思就是——

生：跑。

师：成语？

生：走马观花！

师：多聪明呀，老师一点拨你们马上就知道了。再想：“道渴而死”，在路上就渴死了；“弃其杖”，“弃”，扔掉、放弃；“化为邓林”，变为桃林；“未至”，没有到；“大泽”，大湖。请举例印证。

生4：道听途说。

师：“道渴而死”，在路上就渴死了。“道听途说”，在路上听来的一些说法，在路上传播。两个“道”字是一样的意思，印证得多好。

“至”就是“到”的意思。有一个成语我们常常用，形容老师关怀我们，很细心哪。

生：（齐）无微不至。

师：无微不至，没有关照不到的细节。啊，又解决了一个。“泽”，含

“泽”的成语我们很少见，哦，你来说。

生 5：涸泽而渔。

师：涸泽而渔，就是把大湖弄干，然后抓鱼。形容一种野蛮的手法、不顾后果的手法，也说“竭泽而渔”。好，我们来看——

屏幕显示

课堂笔记：美妙成语

不胫而走　　求贤若渴

饮水思源　　竭泽而渔

宾至如归　　道听途说

背信弃义　　化险为夷

师：八个美妙的成语，请同学们用笔记下来。老师重点讲一下，“不胫而走”，说的是消息传得很快，没有腿就跑开了。“求贤若渴”，寻求人才就像解决饥渴一样。“宾至如归”，客人到这里，就像来到自己家里一样。“背信弃义”，“背”，是指“背离、背叛”，“弃”，是指“丢掉、放弃”。“化险为夷”，变危险为平安，由这个“化”字还可以想到一个六字成语，化干戈——

生：（齐）为玉帛。

师：对了。成语印证，是一种非常有趣的学习方法。使用这种方法，我们既能读懂课文内容，又可增加成语或者短语方面的积累。好，继续。

屏幕显示

夸父逐日

夸父与太阳竞跑，追赶到太阳落下的地方；他感到口渴，想要喝水，就到黄河、渭水去喝；黄河、渭水的水不够，又去北方喝大湖的水。还没到大湖，就在半路上渴死了。他遗弃的手杖，变成了桃林。

师：这样，我们就懂得这篇课文的大致意思了。大家读一读吧，“夸父逐日”，读——

（生齐读）

点评：巧教之二。巧在语言学用。采用“以词解词”的巧学方式，引领学生以“已知”诠释“未知”。训练文言之“词”，传递语文之“道”！

活动三：美读神话，领悟情感、情节

师：夸父，神话中一位很伟大的英雄，他居然会迈开他的长腿，和太阳竞跑。那么，他为什么追赶太阳呢？我们不知道，我们只知道，他去追赶太阳，而且在半路上干渴而死。人们对这则神话的内容有很多的诠释，这些诠释老师在最后讲给大家听。我们现在就来感受这位英雄的悲壮。

屏幕显示

美读故事

师：美读故事，先读起来吧，“夸父逐日”，读——

屏幕显示

夸父逐日

/《山海经》/

夸父与日逐走，入日；渴，欲得饮，饮于河、渭；河、渭不足，北饮大泽。未至，道渴而死。弃其杖，化为邓林。

（生齐读）

师：现在我来指导大家朗读。

屏幕显示

读出分号与句号。

师：第一，读出分号和句号。猜一下，老师为什么请你们把分号与句号的间隔读清楚？

（师范读课文）

师：好，请分析。

生6：更好地读出情感。

师：一个方面是情感，还有呢？

生6：便于理解。

师：好，和情感相关联的还有一个词，情——

生7：情绪。

师：情绪？从故事的角度——

生7：情节。

师：对，情节。如果我们没有处理好停顿，一口气读下去，情节显现不清楚。所以，要读好句号，读出大的停顿；读好分号，停顿稍微小一点儿。现在一起来试一下，读正文，“夸父与日逐走”，读——

（生齐读，至“入日；渴”）

师：分号没有读出来吧，请重来。“入日”，稍微地停顿一下，再往下读，这个间隔就出来了，“夸父与日逐走”，读——

（生齐读）

师：嗯，再来一次，一定要把语速把握好，不然，怎么叫读故事呢？那不就叫念字了？刚才“北饮大泽”后面没有停顿吧？“道渴而死”后面也听不出停顿吧？好，再读，“夸父逐日”，读——

（生齐读）

师：这一次稍微好一点儿了，继续。

屏幕显示

读出赞叹与悲壮。

师：第二，读出赞叹与悲壮。“夸父与日逐走，入日——”这里要表达出赞叹之情。但是，第一个分号之后就开始有悲壮的色彩了，“渴，欲得饮，饮于河、渭”。更悲壮的是“河、渭不足，北饮大泽”，然后就有了悲伤的色彩，“未至，道渴而死”。请大家各自揣摩，大声地朗读，注意语速和情感表达。好，各自自由朗读。

（生自由朗读）

师：继续体味。

（生各自朗读）

师：继续。

（生各自朗读）

师：哪一位很自信地为我们朗读？

（生8朗读，声音小）

师：噢，声音大一点儿吧，重来。

（生8再朗读）

师：嗯，很努力地想读出悲壮的色彩。现在换人，好，你来试一下。

（生9朗读）

师：情感没有从字里行间渗透出来，但是咬字还是很用力的。你来试一下吧？

（生10朗读）

师：看来要用我们的语音来传达文中的感情，真难哪！好吧，我们来背课文。我大声地读，你们小声地跟着背，再一次体味课文中的情感。

（师朗读，生小声背诵）

师：一起来背诵，“夸父与日逐走”，背——

（生齐背）

师：好，老师基本上满意。下面请做笔记。

屏幕显示

课堂笔记：巧妙结构

开端：夸父与日逐走，入日。

发展：渴，欲得饮，饮于河、渭；河、渭不足，北饮大泽。

高潮与结局：未至，道渴而死。

尾声：弃其杖，化为邓林。

师：课文很短，但结构巧妙。同学们可以将笔记旁批在课文上。开端："夸父与日逐走，入日。"发展："渴，欲得饮，饮于河、渭；河、渭不足，北饮大泽。"高潮与结局："未至，道渴而死。"加上一个尾声："弃其杖，化为邓林。"

（生记笔记）

点评：巧教之三。朗读训练颇有新意。读出分号与句号的停顿，以体验故事的情节脉络；读出赞叹与悲壮，以领悟夸父的精神风采。更有新意的是余老师对课文的巧妙结构的分析。

活动四：品读神话，探究主旨、内涵

师：好，继续我们的学习。

屏幕显示

品读佳句

师：我们来品味一句话。

屏幕显示

品味一句话：

"弃其杖，化为邓林。"从全文来看，这句话为什么好？

师：请揣摩，这句话为什么好？夸父在与太阳竞跑的征途中牺牲了。他扔掉的拐杖，变成了桃林——“弃其杖，化为邓林。”这句话为什么好？请大家思考。

（生品味、思考）

师：我点拨一下，夸父扔掉的拐杖，变成了绿荫，而他自己却干渴而死。好，有同学要说话了。

生 11：我认为，这句话暗指夸父的精神，他自己渴死了，也要把拐杖扔出去，为后人造福。

师：他愿意留给后世子孙更多的绿色，更多的绿荫，于是，他的拐杖变成了桃林。

生 12：“弃其杖，化为邓林。”他扔掉的拐杖变成了邓林，这就使得这个神话故事显得更神奇。

师：这增加了神话的神奇色彩，同时表现了神话就是这样神奇的，它是用幻想来编织故事的。

生 13：这句话能体现出夸父的奉献精神。

师：“奉献”！说得好啊。哪怕是自己的拐杖，都要用来为人民造福。好，谢谢！同学们能够有这样的见解就已经差不多了。我们来看一看。

屏幕显示

“弃其杖，化为邓林。”这句话表现了夸父舍己为人的精神，死后其手杖都变成了为人类造福的桃林。

师：这句话表现的是夸父精神：舍己为人。我们可以简单地旁批。

屏幕显示

“弃其杖，化为邓林。”这句话表现了夸父的神奇，表现了神话的色彩。

师：“化为邓林”，表现了夸父的神奇，也表现了神话的色彩。

屏幕显示

“弃其杖，化为邓林。”这句话以富有诗意的想象，丰富了《夸父逐日》这一神话的美丽内涵。

师：如果没有这一句，可以说这则神话没有多大的意味，只不过是说夸父渴死了。所以，“弃其杖，化为邓林”，使这则神话有了美好的诗一般的意蕴。

屏幕显示

“弃其杖，化为邓林。”这句话表现了一种勇敢追求、死而后已、甘为人类造福的精神，使整篇神话更具浪漫主义魅力。

师：这句话运用了一种浪漫主义的手法，想象丰富，含意优美。

（生做笔记）

屏幕显示

课堂笔记：阅读常识

师：继续笔记阅读常识。以后遇到神话，你就要用下面这句话来解读它。

屏幕显示

神话阅读的经典格言：人类借助神话在幻想中征服自然。

师：这句话点示的是神话创作的规律，是我们解读神话作品的钥匙。为什么有《精卫填海》呢？人类借助幻想来征服海洋。为什么有《女娲补天》呢？也是一样的道理。古代人民没有办法征服自然，但幻想着征服自然，于是神话就产生了。

屏幕显示

《夸父逐日》是我国最早的极具英雄色彩的神话之一，反映了古代人民探索、征服大自然的强烈愿望和顽强意志。

（生朗读）

点评：巧教之四。选点突破，以句带篇；聚焦“弃其杖，化为邓林”，多角反复，深度涵泳。余老师把文本解读引向“文”的诗意和“道”的深远。

活动五：揭秘神话，升华夸父精神

师：咱们今天学的这篇文章，是我国最早的关于英雄的神话之一。那么，夸父是谁？关于夸父，有很多种看法，不少科学家、文学家都对这则神话发表过评论。下面是老师梳理出来的一些说法，大家看看。

屏幕显示

夸父是谁

夸父，实际上是众多探索太阳运行规律的探索者的化身。

夸父是“盗火英雄”，夸父逐日是为了给人类采撷火种，使大地获得光明与温暖。

夸父是华夏第一位农业科学家。他追太阳的目的，就是测量日影以及黄河涨落的情况。

夸父，部落的首领。夸父逐日实际上是中华民族历史上一次长距离的最终悲壮地失败的部族迁徙。

…………

师：总之，夸父的故事还会有人继续研究下去，这也给你们留下了研究的空间。好，再来背诵一次，咱们就下课。“夸父与日逐走”，背——

（生齐背）

师：下课。

生：起立！老师再见。

师：好，谢谢同学们。

点评：巧教之五。这一环节表现出了自然迁移、润物无声的艺术效果，体现了文本的价值张力。

课例赏析

《夸父逐日》的教学，体现了余老师课堂教学的三重主张。

主张突出文体色彩。《夸父逐日》是典范的文言文，是小说的雏形，又是一篇上古神话。在教学设计上，余老师兼顾这三个特色："文言"知识的积累、"小说"文体的了解和"神话"故事的感知。

主张优化教学手段。成语印证法，凝聚"积累——课堂教学之魂"，可谓匠心独运，雅意非凡。这使学生既积累了新词，又回顾了旧识，同时也提高了对成语的认识与运用，可谓一举多得。读出标点法，典雅而又新奇。余老师巧妙地通过标点来理顺文章结构，指导学生分析文章，教会学生使用标点，同样别出心裁。在余老师的课堂里，这样的手法运用俯拾即是，演绎着"板块式、主问题、诗意手法"的教学魅力。

主张凸显作品美点。神话故事的美，一是神奇的幻想，二是美好的愿望。在这一课上，余老师精准地抓住了"弃其杖，化为邓林"一句，引导学生多层次、多角度地探究作品的美点：夸父的精神之美、神话的寓意之美、想象的诗意之美、手法的浪漫之美。选点准确而明晰，分析深刻而精当。

总之，这篇古典神话的教学，体现出余老师的三重主张，且处处表现出短文巧教的精妙设计，给我们不少教学启迪。

8.《陋室铭》课堂教学实录及点评

时间：2013 年 12 月 6 日

地点：陕西省西安市西北大学附属中学

点评：陈接松

课例导读

《陋室铭》全文只有 81 字，却字字珠玑，意韵悠远，千古传诵。面对如此经典之作，语文教师不禁犯愁：好文如何琅琅地读？美文如何美美地教？浅文如何深深地品？本课例展示了余老师是如何化难为易，以四两拨千斤的妙法让学生涵泳体味、陶冶情操的。他妙用课文，巧设活动，积累知识，训练能力，让学生沉浸在效果实在、美感十足、情味盎然的语文课中。

一、介绍背景，明确任务

师：同学们，现在我们开始《陋室铭》的学习。这是一篇千古名文，我们先来热身，读一读《陋室铭》。“陋室铭，刘禹锡”，读。

屏幕显示

陋室铭

/ 刘禹锡 /

山不在高，有仙则名。水不在深，有龙则灵。斯是陋室，惟吾德馨。苔痕上阶绿，草色入帘青。谈笑有鸿儒，往来无白丁。可以调素琴，阅金经。无丝竹之乱耳，无案牍之劳形。南阳诸葛庐，西蜀子云亭。孔子云：何陋之有？

（生齐读）

点评：开门见山，力避琐碎；书声琅琅，营造氛围。

师：这节课我们有两项大的活动：先读背，然后趣说。还有一项任务，就是要做好四字短语的课堂笔记。

师：开始我们的读背。好，先来认识一下文体特色。“古代”，读。

屏幕显示

古代刻在器物上用来警戒自己或者称述功德的文字叫作“铭”。它简短、优美、基本押韵，后来发展成一种文体。

（生齐读）

师：这种文体就叫作“铭”。“刘禹锡”，读。

屏幕显示

刘禹锡（772—842），唐代文学家。字梦得，洛阳（今属河南）人。刘禹锡参与王叔文的政治改革，失败后被贬到外地做官20多年。《陋室铭》就是他被贬至安徽和州时所写。

（生齐读）

师：传说他被贬到和州之后，和州的知县为难他，一年内就让他搬了三次家，家越搬越小。他心中很愤懑，于是写了这篇《陋室铭》。其实，《陋室铭》表现了作者高洁的心志。

点评：故事激趣，知人论世；简洁明了，合理延展；要言不烦，重点突出。

二、诗文联读，读背积累

师：刚才听到大家读了一首诗——《秋词》，就是刘禹锡在贬官期间写的。我们朗读的时候能够感受到诗人明亮的心境。我们一起来读一下，“秋词，刘禹锡”。

屏幕显示

秋词

/ 刘禹锡 /

自古逢秋悲寂寥，我言秋日胜春朝。

晴空一鹤排云上，便引诗情到碧霄。

（生齐读）

师："晴空一鹤排云上，便引诗情到碧霄。"一切景语皆情语，这里表达的是心情。多么快乐的一个人，多么豁达的一个人！

好，课文读背训练开始。第一遍朗读，读清楚这篇文章的句法特点。这篇文章多用偶句。（示范吟读"山不在高，有仙则名。水不在深，有龙则灵"）两句两句之间应该有停顿，这样就能把文章的句法特点读清楚。试一下，注意"句法"二字。"山不在高"，读。

（生齐读全文，语速稍快）

师：再读，把节奏读清楚。（示范吟读"山不在高，有仙则名。水不在深，有龙则灵。斯是陋室，惟吾德馨"）节奏一出来，美感就出来了。好，再来读。"山不在高"，读。

（生齐读全文，语速稍慢，显现顿挫）

师：好，特别要注意把句子的结构读清楚，尤其是两个"无"字句。（示范吟读"无／丝竹之乱耳，无／案牍之劳形"）这就把句子的结构读清楚了。再来一次。"山不在高"，读。

（生齐读全文）

师：读得越来越好了。注意：言为心声！作者写这篇文章一定是要表达自己的思想情感的。这种思想情感，我们从字里行间能够感受得出来。他是很欣慰自己的追求的，他希望自己成为君子，所以要读出欣慰之情。

他眼中的景物是多么的美好啊！（示范吟读"苔痕上阶绿，草色入帘青"）抒情啊！他陶醉在这种看起来不是美景的景物中，这一定是心中快乐的体现。（示范吟读"谈笑有鸿儒，往来无白丁"）这表现了作者接触的都是文人雅士，所以读这一句要抒情。（示范吟读“可以调素琴，阅金经”）这也有一种志趣在里面。最要读好的是最后一句。（示范吟读“孔子云：何陋之有”）多么欣慰啊！一起来试一试。“山不在高”，读。

（生齐读全文）

师：味道还差一点儿，情感还没有进来。大家把“苔痕”句再读一遍。“苔痕上阶绿，草色入帘青”，读！

（生齐读这两句）

师：陶醉呀！最后一句：“孔子云：何陋之有？”读。

（生齐读最后一句）

师：这就好听了。好，大家一起读。“山不在高”，读。

（生齐读全文）

点评：反复朗读，培养语感；精细指导，授生以渔；方法恰切，美感凸显。

师：多好啊！我们再来读一读字词，自由地认字识词，读起来吧！

屏幕显示

斯：这。

馨：香气，这里指品德高尚。

鸿儒：博学的人。鸿，大。儒，读书人。

白丁：平民。这里指没有什么学问的人。

素琴：不加装饰的琴。

金经：指佛经。

丝竹：琴瑟、箫管等乐器。这里指奏乐的声音。

案牍：官府的公文。

劳形：使身体劳累。形，形体、身体。

南阳诸葛庐，西蜀子云亭：南阳有诸葛亮的草庐，西蜀有扬子云的亭子。这句话是说，诸葛庐和子云亭都很简陋，但因为主人很有名，所以受到人们的景仰。

何陋之有：有什么简陋的呢？

（生齐读）

师：从“南阳诸葛庐，西蜀子云亭”这句话，我们可以知道，作者写景和物，其实都是写自己。大家看！南阳的诸葛庐和西蜀的子云亭，庐和亭都很简陋，但是主人很有名啊，因此“我”也要像他们一样，做一个受人景仰的人。不然，他为什么要用诸葛庐、子云亭这样的名人居室来做比较呢？都是有用意的。好，我们把《陋室铭》的译文再读一下。

屏幕显示

山不一定要高，有仙人（居住）就有名；水不一定要深，有龙（居住）就有灵气。这简陋的房子，好在主人有美好的德行。苔藓给石阶铺上绿毯，芳草将帘内映得碧青。谈论说笑的是学问渊博者，来往之中没有粗鄙的人。可以弹奏素朴的古琴，浏览珍贵的佛经。没有（嘈杂的）音乐扰乱耳朵，没有（成堆的）公文劳累身心。（它好比）南阳诸葛亮的草庐，西蜀扬雄的玄亭。孔子说：君子居之，有什么简陋的呢？

（生齐读）

师：好，你们对课文内容已经很熟了，现在来背诵。有一个要求：把课文背成三个层次。为什么要从三个层次来分析《陋室铭》？哪位同学能诠释一下？点拨一下，《陋室铭》——咏物抒情的文章，我们可以从这个角度来分析。

（生静默沉思）

师：可以说一下吗？为什么要从三个层次来理解这篇文章的结构？明白了这一点就能比较灵活地背诵，不明白的话就只能死死地背诵。

生1：第一部分是总说他这个陋室为啥不简陋；第二部分是分说陋室里有什么，从它的环境、来往的人，从他可以做的一些事情来分说；最后一部分是总写，通过对比别人的居室、引用别人的话语来总结这篇文章。

师：嗯，很好，请坐。我们还可以用四个字来分析——咏物抒情。陋室就是物，把陋室点出来；然后细细地描述陋室，从多个角度来表现陋室不陋；最终要落脚到抒情言志上来。这就是咏物抒情文章的特点。

那么“德馨”表现在哪些方面呢？从自然环境、来往的人物，以及室内有雅趣的生活等多个方面来表现。最后，顺势抒情，表达自己的志向。懂得了这样一个道理，我们就可以背诵了。

背诵的时候要注意三个层次之间的停顿。读完“惟吾德馨”，要停一拍，然后再读“苔痕上阶绿”；读完“无案牍之劳形”，停一拍，再读“南阳诸葛庐”。好，一起背诵。“山不在高”，背。

（生齐背全文）

师：大家还记得《爱莲说》吗？用莲来表达自己的人格之美。首先就引出了作者要吟咏的对象——“莲”，然后把莲细细地描写一番，“予独爱莲之出淤泥而不染，濯清涟而不妖”等，最后抒发自己的情感。引出事物，描述事物，抒发情感，大致上都是这样的写法。

点评：字词认读，积累丰厚；前后勾连，知识贯通；方法引领，以生为本；读出章法，渗透手法；探幽寻美，体味情感。

三、创意趣说，把握文意

师：好，我们来继续第二项学习活动——趣说。给大家提供一个非常简单的话题：《陋室铭》中有什么？你可以从不同角度来阐释《陋室铭》中的“有”，不管说什么都可以。

好，每一位同学先准备一下。为什么要准备呢？因为这会让你说的话有条理。好，开始思考。

（生静静地思考）

点评：由“无”到“有”，情致婉曲；一发破的，妙不可言；一“有”一“无”，相映成趣；耳目一新，别有洞天。

师：好吧，我们来交流看法，请你说。

生1：我认为《陋室铭》中有优雅和幽静的环境，有学识渊博的人，还有很有雅致的“士”。

师：用带“雅”字的词来概括。这里面有优雅的环境、高雅的人士、高雅的志趣。请你阐释。

生 2：我觉得他是一个文人，经常有朋友来家里和他一起讨论文学，应该少不了笔墨纸砚、琴棋书画这些，而且还少不了文学的气氛。

师：还是用“雅”来概括，这里有雅趣。

生 3：有简陋的屋子，但因为有品德高尚的人在里头，屋子就不显得简陋了。

师：作者吟咏这间陋室，既抒情又言志，于是就有了美妙的写法：托物抒情、咏物言志。这就说到文学上来了。

生 4：作者特意点出屋子的不陋，我猜屋子里应该会有很多书。

师：想象很丰富。有书，因为文人雅士们都来说话、谈论，这陋室里应该是有书的。这里有美妙的文学，“无案牍之劳形”。

生 5：有碧绿的苔痕，还有映入眼帘的草地。从文中“可以调素琴，阅金经”可以看出这里面肯定是有古琴、佛经的。

师：自得其乐。有身份的人才可以弹奏古琴，暗写作者自己身份高贵。

生 6：“无丝竹之乱耳，无案牍之劳形”，运用了对偶的手法，体现了《陋室铭》中有悠闲的生活，这里没有当时朝廷中的那种黑暗。

师：有清雅的生活，同时没有官府办公的那种劳累。也就是说，作者向往清贫的、幽静的、快乐的、让自己陶醉的生活。

生 7：我觉得这里应该有人际交往的和谐，没有宫廷里的钩心斗角，也没有社会上的混乱。

师：宁静致远，淡泊名利，就在这种优雅的氛围中表现出来了。说得好！

生 8：我觉得这里有青苔，有珍贵的佛经，到处充满了欢声笑语。

师：好。用四个字概括——情景交融。写草色、苔藓就是写心情，写朋友来到也是写心情。

生 9：这里有作者乐观向上、自得其乐的精神。

师：还有他高尚的心志。他不是说了吗，“孔子云：何陋之有”。那房子因为有德行高雅的人居住就不显得简陋了，这个居住的人就像君子一样，有君子之风。

生 10：我觉得这里面还有作者的志向，他在文章中说道，“南阳诸葛庐，西蜀子云亭”，并且您刚才也说到他想做君子那样的人，所以我觉得这里面蕴含了他的志向。

师：嗯，对！他想做一个君子那样的人。大家从很多角度做了分析，但还没有说到文学上来，没有说到语言上来，没有说到手法上来。这里面的“有”丰富多彩。

生 11：我觉得这里头还有他的一种高洁自傲。他把自己和诸葛亮、扬子云进行比较，说明他是非常自傲的。

师：对，他心志很高，一般人还不在他眼中呢。他有很多诗篇都表现了他高傲的、高洁的气质。老师会告诉你们一些美妙的“有”。一起读。

屏幕显示

这里是一个“有”的世界：有“仙”，有“龙”，有“德”；有“草色”，有“鸿儒”，有“素琴”，有“金经”；有“南阳诸葛庐”“西蜀子云亭”……

（生齐读）

师：无一不美妙高雅！写物写景就是写自己。读起来。

屏幕显示

这里是一个“无”的世界：“往来无白丁”，“无丝竹之乱耳”，“无案牍之劳形”……

（生齐读）

师：这都是虚写啊，写“无”也是写自己，同样的，这是从另外一个角度表现自己的追求。

点评：集体参与，个性表达；适时穿插，张弛有度；点评准确，语言雅致；陶冶情操，强化美育。

四、赏析积累，突破难点

师：下面突出课堂笔记训练，看谁的四字短语积累得最全面。

《陋室铭》中有什么呢？

有高雅的情趣。这篇文章描述了“德馨”，德行之雅；描写了苔藓和草色，环境之雅；描写了自己美好的心情，心境之雅；描写了志向之雅，表现了作者旷达致远、不同流俗的可贵气质。

有精美的语言。文笔雅致，语言精美；炼字炼句，骈散结合；隔句押韵，音韵贯通，因此音调和谐，读来朗朗上口。

什么叫“炼字炼句”？字句斟酌得特别精致。“苔痕上阶绿，草色入帘青。”一个“上”，一个“入”就用得很精致。大家再看炼句。文中的句式运用特别高妙，四字句、五字句、六字句，最后一句话，七字句。用句也很讲究，以五字句为主，还有一些散句穿插其中，因此就表现出整齐的美、错综的美。本文的炼字炼句都大有讲究。

有美妙的写法。这美妙的写法最基本的就是写物抒情。我们再细细地看。“山不在高，有仙则名。水不在深，有龙则灵”，这叫起兴，从其他的事物写起，写作手法美妙。“苔痕上阶绿，草色入帘青”，写静为动，情景交融。苔痕好像看不见，但一个“上”字就把它写活了；草色静静的，一个“入”字也把它写活了。“谈笑”句很有表现力，“谈笑有鸿儒”，是写实，“往来无白丁”是写虚，虚实结合。最重要的是以客衬主的手法。这四个字要你们来解释，什么叫“以客衬主”？

生：就是以这个陋室里的客人来衬托主人的高雅。

师：对啦，“谈笑有鸿儒”，那么作者自己也是鸿儒吧，这是正衬。那反衬呢？“往来无白丁”。美妙的手法就体现在细节里面。

师：“南阳诸葛庐，西蜀子云亭”，这句话妙用典故，借用诸葛亮和扬子云的故事来暗写自己的志向。还有，“孔子”句，巧妙引用，省去了“君子居之”四个字，因此，表意很含蓄。这句话起到了画龙点睛的作用，实际上就是议论、抒情。全文叙议结合，托物言志。

好，一起来把下面的内容读一下。“‘山不’句”，读。

屏幕显示

“山不”句山水起兴，仙龙为喻。
“苔痕”句写静为动，情景交融。
“谈笑”句虚实结合，以客衬主。
“南阳”句妙用典故，暗写志向。
“孔子”句巧妙引用，画龙点睛。
全文叙议结合，托物言志。

（生齐读）

师：“山不”句是山水起兴，这个字读“xìng”。“山水起兴”，这个“起兴”就是从其他事物开始写，再写到本体的事物上来。下面大家要把这段话抄下来，积累四字短语。

屏幕显示

《陋室铭》表达精美，手法生动；志趣高雅，意味悠长。写出了作者淡泊明志、宁静致远的性情和洁身自好、高洁傲岸的情操。可谓千古绝唱，深受后人推崇。

（生做笔记）

师：《陋室铭》是影响了无数文人的一篇经典作品。看你积累了多少四字短语，到笔记本上找一下。（低头轻声问一学生）你积累了多少个？

生：25 个。

点评：深入挖掘，贴近文本；多元赏析，开阔视野；深化理解，举一反三；注重积累，固本启智。

五、结课

师：好，这节课，我们就上到这儿，谢谢大家的努力。下课。谢谢！

点评：简洁收束，留有余味。

课例赏析

“诗以言志，文以载道。”刘禹锡这篇千古铭文，虽颂陋室，实则抒发情志，表达他高洁傲岸的节操和安贫乐道的情趣。教学此文，理当让学生感受刘禹锡的高雅志趣和独立人格。因此，余老师独具匠心地设计出以指导读背带动情感体悟的高层次活动，让学生在有节奏、有层次的读背指导活动中初步体会咏物言志文的一般特点，这实在是简单、高效的做法。余老师营造出雅致的学习氛围，让学生的情感、审美、气质得到了陶冶、熏陶、培养。

课中的朗读指导多么美妙！“第一遍朗读，读清楚这篇文章的句法特点。”“再读，把节奏读清楚。”“特别要注意把句子的结构读清楚，尤其是两个‘无’字句。”……举凡此类细节，章法严整，推进有序，点面结合，动静相宜，让人叹为观止。不仅如此，余老师在朗读指导中适时穿插讲析，并渗透文学知识，有效地提高了学生的文学审美能力。

如果说上述活动还是“轻拢慢捻抹复挑”的话，那紧随其后的“趣说”活动简直就是“大珠小珠落玉盘”。原文中多言“无”，余老师则反其道而行之，“《陋室铭》中有什么”，专挑“有”来论，一“无”一“有”，相映成趣。

余老师的讲析异峰突起，他把一颗颗精美的“珍珠”贯串起来，馈赠学生。“高雅的情趣”“精美的语言”“美妙的写法”。多角度赏析，语言之典雅，品析之深刻，表达之精妙，与《陋室铭》的行文风格保持高度一致，学生沉浸在如此丰美的教学语言和情境中，该是多么幸福而美妙的事情啊！

别出心裁的教学创意，大容量的美点揣摩。余老师并没有“满堂灌”，他认为学生的受益面要广，强调学生要有丰厚的积累，因此在课堂上他反复叮咛学生要说话、记笔记。这样的课，是涵泳诵读课，是技法指导课，是文学欣赏课，是情感陶冶课，是扎实学习语文的课。

9.《爱莲说》课堂教学实录及点评

时间：2011 年 12 月 01 日

地点：山东省淄博市临淄第三中学（六年级）

点评：彭淑芳

课例导读

《爱莲说》是一篇文质兼美的散文，文章以莲写人，托物言志。全文仅百余字，但其语言凝练而富有表现力，内容看似浅易实则富有深意，手法多变且耐人咀嚼。文章可读性极强，可挖掘的教学点颇多。让我们跟着余老师，于美妙的课堂之中，细细地品读美文，深深地感受本文之美吧。

一、初读课文，读准字音

师：同学们好，请坐。你们是六年级的学生，对你们而言这节课是很难的，我们一起好好地学习，好不好？

生：好。

师：谢谢大家，开始大声地读书，读三遍。

（生齐读课文）

师：读得不错，但有一个地方需要注意，“陶后鲜（xiǎn）有闻”，不是“鲜（xiān）有闻”。再读一遍全文。

（生齐读课文）

师：第三遍我们就要读课文注释啦，开始读起来吧。

（生齐读课文注释）

师：我们刚才朗读了五分钟。很可惜啊，刚才注释里有两个字读错了吧？“元公”是周敦颐死后的——你们读的是什么号啊？谥（shì）号，要注意，以后不会读的字要查一查字典。还有一个字读错了，老师听了难受啊，怎么都读“洗涤（tiáo）”呢？

生：洗涤（dí）。

师：这就对了，洗涤（dí），你们刚才读“洗涤（tiáo）”，吓我一跳。

点评：基于学情，先易后难；帮助学生克服畏难心理，调动学习兴趣；搭台阶，小步走，层层推进，步步深入。

二、趣读课文，感知文意

师：同学们，我们今天学习的是《爱莲说》，我们这节课要突破它的难点，容易的内容我们不教学。

屏幕显示

《爱莲说》教学创意：难点突破

师：在解决困难的问题之前，大家来完成一项趣味练习——“爱莲心语”。请同学们在课文中找找“爱莲心语”。

屏幕显示

请同学们完成趣味练习——“爱莲心语”

师：有同学想说吗？请你来告诉大家你所找的“爱莲心语”。

生1：（读）予独爱莲之出淤泥而不染，濯清涟而不妖，中通外直，不蔓不枝，香远益清，亭亭净植，可远观而不可亵玩焉。

师：哦，能不能讲一点儿道理呀？

生1：说出了莲花的洁净、清香。

师：多好啊，于是“我”很喜爱它吧！谢谢你。还有要说的吗？找到“爱莲心语”了吗？

生 2:（读）莲，花之君子者也。

师：请解释。

生 2：他把莲花比作君子。

师：爱莲其实就是爱谁?

生 2："我"。

师：错！结合他这句话来说，爱莲其实就是——

生 2：爱君子。

师：谢谢你。

生 3：爱莲就是爱品德高尚的人。

师：请大家批注四个字：以莲喻人。《爱莲说》其实就是用莲花来比喻品德高尚的人。

你看我们三位同学说得多好。请同学们做批注：以物喻人、托物言志。知道"托物言志"四个字吗？寄托的"托"，事物的"物"，"言"是表达的意思，"志"指表达自己内心的情感，这就叫"托物言志"。《爱莲说》就是通过写莲来表达自己的心声。好，我们来看大家找出的"爱莲心语"。

屏幕显示

爱莲心语

予独爱莲之出淤泥而不染，濯清涟而不妖，中通外直，不蔓不枝，香远益清，亭亭净植，可远观而不可亵玩焉。

莲，花之君子者也。

师：大家读起来吧，"之"要读得很轻，不要读得很重。

（生齐读）

师：这就是这篇课文中最精致、最美好的内容——"爱莲心语"。再读一遍，要读得流畅，富有情感。

（生齐读）

师：好，谢谢同学们的努力。

点评：趣味活动，紧扣文本；选点精读，把握文意；训练品读能力，注重朗读指导。

三、背景铺垫，知人论世

师：我们来了解一个人，《爱莲说》的作者——周敦颐，大家读起来。

屏幕显示

知识卡片 1：认识作者

周敦颐（1017—1073），字茂叔，北宋道州营道（今湖南省道县）人。

周敦颐人品高洁，胸襟坦荡，是宋代理学的开创者之一。晚年隐居在庐山，以家乡之水“濂溪”命名门前小溪，并在那里建了濂溪书堂。世称“濂溪先生”，后人编有《周濂溪先生全集》。

（生齐读）

师：注意一个关键词——“人品高洁”。正是因为人品高洁，所以他赞叹君子的风度。因此，周敦颐先生能写出《爱莲说》是有深厚背景的，因为他自己人品高洁。

接下来，我们解决一个难点：《爱莲说》的“说”，大家一起读。

屏幕显示

知识卡片 2：知道文体

“说”，一种议论性的古代文体。可直接说明、阐述事理，也可就一事、一物或一种现象抒发作者的感想或论说道理。篇幅一般不长，写法不拘一格。

（生齐读）

师："爱莲说"，就是议一议、说一说对莲的喜爱。这个标题的意思懂了吧？大家批注："议一议、说一说对莲的喜爱。"到了八年级，你们还要学习《马说》，那就是议一议、说一说关于马的问题。你看大家多会做笔记呀！

点评：资料助读，铺垫及时，过渡自然，衔接紧密。

四、读析课文，突破难点

师：我们继续学习，文中还有许多难点，需要我们突破。

（一）突破字词难点

屏幕显示

课文难点突破之一：字词难点

师：有若干字词需要我们注意。

屏幕显示

世人【甚】爱牡丹——

予【独】爱莲之出淤泥而不染——

予独爱莲【之】【出】淤泥而不染——

【中通外直】——

香远【益】清——

陶后【鲜】有闻——

师："世人甚爱牡丹"，这一句注释上没有吧？

生：没有。

师：“予独爱莲之出淤泥而不染”，“晋陶渊明独爱菊”，这两句话中的“独”怎么理解呢？

我给大家讲，大家就旁批在书上。“甚”：十分，非常。“予独爱莲之出淤泥而不染”，“晋陶渊明独爱菊”，这两个句子中的“独”不是“只”的意思，是“特别”的意思。如果说周敦颐只爱莲，其他的兴趣他不是都没有了吗？所以是“特别爱莲”，“特别爱菊”，还爱其他的事物，懂这个意思了吧？批注：特别。

（生做批注）

师：“之”没有特别的意思，所以你们要轻声地读。“出淤泥而不染”，生于淤泥而不染，从淤泥中长出来而不沾染。“中通外直”，莲的茎内心通达，外形挺直。“香远益清”，“益”是“更加”的意思，它的香气传得越远越清香。“陶后鲜有闻”，陶渊明之后很少听说，“鲜”是“少”的意思。我们一起来读一读。

屏幕显示

世人【甚】爱牡丹——甚：十分，非常。

予【独】爱莲之出淤泥而不染——独：特别。

予独爱莲【之】【出】淤泥而不染——之：无义，起舒缓语气的作用；出：生。

【中通外直】——内心通达，外形挺直。

香远【益】清——益：更，更加。

陶后【鲜】有闻——鲜：少。

（生齐读）

师：下面就是《爱莲说》的翻译，自己大声地读起来吧。

屏幕显示

水上地上各种草木的花，可爱的很多。晋代的陶渊明特别喜欢菊花。唐朝以来，世人很喜欢牡丹。我则特别喜爱莲，莲生长在淤泥之中却不沾染污秽；在清水中洗涤过，但不显得妖艳；它中间贯通，外形挺直，不生枝蔓，不长枝节；香气远播，更显清芬；它笔直、洁净地立在那里，可以远远地观赏，而不能轻慢地去玩弄它啊。

我认为，菊是花中的隐士，牡丹是花中的富贵人，莲是花中的君子。唉！喜欢菊花的人，陶渊明以后就很少听到了。爱莲的人，像我一样的还有谁呢？喜欢牡丹的人，应该是很多的了。

（生自由朗读）

师：我们来找一个最精致、最美好的地方读一下，“我则特别喜爱莲”，读起来。

生：（齐读）我则特别喜爱莲，莲生长在淤泥之中却不沾染污秽；在清水中洗涤过，但不显得妖艳；它中间贯通，外形挺直，不生枝蔓，不长枝节；香气远播，更显清芬；它笔直、洁净地立在那里，可以远远地观赏，而不能轻慢地去玩弄它啊。

师：我刚才听见有一个同学读“洗涤（tiáo）”，我们再读一遍。

（生齐读）

师：好，这是爱莲的心声吧，以物喻人，这句话其实写的就是人，写人高洁的品质。

好，这个环节我们就进行到这里。

点评：突破疑难字词，注重知识积累；扫清障碍，落实基础；铺路搭桥，层层推进。

（二）突破朗读难点

师：下面我们继续朗读，继续来突破难点。

屏幕显示

课文难点突破之二：朗读难点

师：朗读这篇课文时，要注意两点。第一点，要突出情感的力量。

屏幕显示

请同学们朗读时注意两点：一是要突出情感的力量

师：我们先来读这样一句话。（范读“予独爱莲之出淤泥而不染”）要把这个“予”字突显出来。

刚才大家听到我朗读吧，好，试一下，读起来。

（生齐读）

师：有的同学读得太快，再来。

（生再次齐读）

师：继续往下读。

生：（齐读）濯清涟而不妖，中通外直，不蔓不枝，香远益清，亭亭净植，可远观而不可亵玩焉。

师：好，第二点，要体现句子的结构。

屏幕显示

请同学们朗读时注意两点：一是要突出情感的力量，二是要体现句子的结构。

师：你们看这样三个字“予谓菊”。“予谓”，是“我以为”“我认为”的意思。“予谓菊”，“我认为菊”，不对吧？大家在“予谓”后面加上冒号，那就是“我认为”！认为什么呢？认为菊是什么，牡丹是什么，莲是什么，这都是他的看法。“予谓菊”三个字后面加上逗号，半通不通的。那么，这个句子应该怎么读呢？“予谓：菊，花之隐逸者也；牡丹，花之富贵者也；莲，花之君子者也。”

这样就读清楚了，大家一起读。

（生齐读）

师：好，我们开始全文朗读，注意这两点，一是要突出情感，二是要把句子的结构读清楚。

屏幕显示

爱莲说

/周敦颐/

水陆草木之花，可爱者甚蕃。晋陶渊明独爱菊。自李唐来，世人甚爱牡丹。予独爱莲之出淤泥而不染，濯清涟而不妖，中通外直，不蔓不枝，香远益清，亭亭净植，可远观而不可亵玩焉。

予谓菊，花之隐逸者也；牡丹，花之富贵者也；莲，花之君子者也。噫！菊之爱，陶后鲜有闻。莲之爱，同予者何人？牡丹之爱，宜乎众矣。

（生齐读全文）

师：对不起，重来，“予独爱莲”的“予”要重读。

（生齐读）

师：又读错了吧？从“予谓菊”开始读，注意句子结构。

（生再次齐读）

师：就算是朗读，也是一件很艰苦的事情，对吧？要注意根据课文的内容读出情感，谢谢大家的努力。

点评：一个句子，两处指导；读出情感，读清结构；既有指导，又有范读；以句带篇，美读全文。

（三）突破手法难点

师：我们再来解决一个比较重要的问题，课文难点突破之三，手法难点。

屏幕显示

课文难点突破之三：手法难点

师：我们要先讨论一个比较容易的问题，作者为什么不直接说“啊，我爱君子，我爱品德高尚的人”？这样不就行了吗？为什么要费这么大的心思去写《爱莲说》呢？大家讨论一下。

屏幕显示

> 讨论话题：作者为什么不直接说“我爱君子，我爱品德高尚的人”？

师：要说话啦？这个问题好说吗？请你来大声地说话。

生1：为了更加突出君子的品德高尚。

师：我这句话难道不能够突出吗？

生2：爱莲，即爱君子之德，这里以莲喻人，用莲花来写品德高尚的人。

师：用形象的美来代替直白的表述，这就是艺术。

生3：为了更加含蓄地突出莲，更加含蓄地解释君子的意思。

师：“含蓄”两个字说得好啊！不直说，直说就是喊口号了吧？用莲的比喻来含蓄地表达作者的心声。了不得啊，好，继续说。

生4：作者主要通过对莲花的描写和赞颂，表达了淡泊名利、洁身自好的人生态度，委婉地批判了社会上一些追求名利的人。

师：哦，“委婉地批判”，看来这位同学还读了一些资料，懂得更深刻的道理，说得多好啊。

生5：托物言志。

师：这位同学能说出这四个字，其实表明他已经心领神会了这篇文章的表达手法。作者是用托物的形式来表达自己的心声，这比直白地表达自己的心声更有魅力。

作家往往用文学的语言、形象来表达心声，而不是像写保证书那样说话，这就叫艺术。看来同学们基本上明白了这一点。好，请大家做好笔记。

屏幕显示

知识卡片 3："叙议结合"的手法

课文第一段重在描述，第二段重在抒情、议论。

叙议结合，叙是为了议得有力，议则深化、表达了作者的写作目的。

师：第一段重在描述，第二段重在抒情、议论。这篇文章的结构很精致，它其实是叙议结合的，议深化了叙，议在叙的基础上表达了写作的目的。

作者运用了托物言志的手法，通过赋予某一种事物以人格化的特征，来寄托作者的志趣、意愿、理想或情志，这就叫托物言志。《爱莲说》是运用托物言志写作手法的一个典型案例，通过写物来表达作者内心的向往。"托物言志"这四个字上要画一个大大的圈。

屏幕显示

知识卡片 4："托物言志"的手法

托物言志：文章整体的构思手法，通过赋予"物"以某种人格化的特征，来寄托作者的志趣、意愿、理想或情志。

师：我还要给大家讲一点关于"衬托"的知识。为什么不直接、单独地写莲之美，还要写菊和牡丹呢？这就是为了烘托、衬托莲的美，莲的高洁，莲的高雅。"衬托"，是为了突出一种形象，就用另外的形象来映衬它。"衬托"两个字上也要画一个大大的圆圈。

屏幕显示

知识卡片 5："衬托"的手法

"衬托"是突出形象的一种表现手法，即为了使所描写的形象更加鲜明突出，用另外的形象来映衬它，其作用在于"衬"。

师：通过这篇课文我们学到了好多知识！

点评：手法之美，颇为丰富；由浅入深，步步引导，层层明晰；巧用卡片，总结知识，强调批注，注重积累。

（四）突破名句难点

师：我们继续来突破名句难点。哪一句话是名句？

屏幕显示

课文难点突破之四：名句难点

生：（齐读）予独爱莲之出淤泥而不染，濯清涟而不妖，中通外直，不蔓不枝，香远益清，亭亭净植，可远观而不可亵玩焉。

师：你们的感觉很好，就是这句话。好，慢一点儿读，赞叹式地读。

屏幕显示

予独爱莲之出淤泥而不染，濯清涟而不妖，中通外直，不蔓不枝，香远益清，亭亭净植，可远观而不可亵玩焉。

（生齐读）

师：从这句话里，你读出了什么意味？动笔写一下，注意，写得越细腻越好。你不一定要说从这一整句话里读出来了什么，你可以说，我从"中通外直"中读出了什么，我从"不蔓不枝"中读出了什么，选一个地方也行，开始思考，开始写作。

屏幕显示

讨论话题：从这句话里你读出了什么样的意味？

（生独立思考、品析，动笔写作）

师：同学们都很投入，现在每两个同学互为老师，互相讲一下。

（生相互讲述）

师：好的，现在请大家自由说话。所谓“自由说话”，就是自动地站起来说话，不需要老师点名。

生 1：我从“出淤泥而不染”中读出了莲花的洁净、单纯、雅致。

师：说得多好呀！从淤泥里长出来而不受一点儿污染，洁净、雅致，这其实是写人的品格吧？通过写莲的出淤泥而不染，来写人高洁的品格！

我发现你微笑地看着我，站起来说话吧，胆子大一点儿。

生 2：我从“予独爱莲之出淤泥而不染”中读出了莲花的纯洁、高雅，这突出了君子的高尚品德，写出了作者内心的向往。

师：说得好。君子有什么样的高尚品德呢？四个字：洁身自爱。会写这四个字吧？好，快写吧。“出淤泥而不染”写出了做君子的人要洁身自爱！

生 3：我从“不蔓不枝，香远益清”中读出了莲的芬芳。

师：“不蔓不枝，香远益清”，莲的芬芳，对吧？

生 4：我从“予独爱莲之出淤泥而不染”中读出了从坏的地方出来的不一定是坏人。

（众笑）

师：这淤泥不见得是坏的东西，有可能是好东西啊。他的理解很直接，他用最朴素的语言表达他的看法。但是不能反推，如果反推从好的地方出来的也许不是好人，那就麻烦啦！

（众笑）

生 5：我从“予独爱莲之出淤泥而不染”中读出了莲有高尚的品质，而且洁净、单纯、雅致，这突出了全文的旨意。

师：很好。君子，就是品德很高尚的人，“出淤泥而不染”就是高尚的体现！

生 6：我从“香远益清”中读出了莲花的香。

师：“香远益清”，越远越香。“越远越香”是什么意思呢？以物喻人，比喻人的美德在传扬。

生 7：我从“亭亭净植”中读出了作者把君子比作莲花，认为君子和莲花一样洁净、品德高尚。

师：对，“净植”，而且是“亭亭”的，是写他的正直吧？好，谢谢。

生 8：我从“予独爱莲之出淤泥而不染，濯清涟而不妖”中读出了君子的高尚品德。

师：怎么高尚呢？你看，“濯清涟而不妖”，很洁净，不妖媚，也就显得高雅。

生 9：我从“予独爱莲”中读出了爱莲就是爱君子的品德。

师：对，爱君子的高雅、高尚、高洁。

生 10：我从“香远益清”中读出了莲花的幽香，越远越香。

师：对，人的美德被人传扬。好，谢谢。同学们了不得，说出了自己的感受。特别可爱的是那个说“从坏的地方出来的不一定是坏人”的同学。

（众笑）

师：这个时候就要做笔记啦。这篇文章给我们带来的是文学的美！

屏幕显示

莲

文学的美

师：还有形象的美，读过书的人几乎都知道《爱莲说》，都知道莲的高雅形象。

屏幕显示

莲

文学的美

形象的美

师：“爱莲心语”其实写的是君子的品格的美、人格的美、品行的美。

屏幕显示

莲

文学的美

形象的美

品格的美

师："予独爱莲之出淤泥而不染"，抒情的美。

屏幕显示

莲

文学的美

形象的美

品格的美

抒情的美

师：我们一起来把它的深刻含义读一下。这段文字告诉了我们怎样欣赏这句话。

屏幕显示

知识卡片 6：名句欣赏

作者写物喻人，托物寄意。这句话表现了作者自己心中君子的理想人格。"出淤泥而不染"指君子洁身自爱，"濯清涟而不妖"指不媚世随俗，"中通外直"指内心通达、行为正直，"不蔓不枝"指不攀附他人，"香远益清，亭亭净植"指美德远播、卓然傲世，"可远观而不可亵玩焉"指君子高洁的人格令人景仰，不容亵渎。

（生齐读）

师：看，作者心中的君子形象多么完美，多么令人景仰啊！下面这段话一定要好好地读一读。

屏幕显示

周敦颐其人与《爱莲说》其文，每为士人所仰慕。读读《爱莲说》，似乎就能够产生激浊扬清、荡涤尘垢的精神力量。“莲之出淤泥而不染”也就成为流传久远的名言。

（生齐读）

师：看，大家多么聪明！我们那么多同学不约而同地欣赏了“莲之出淤泥而不染”这句名言。再读一遍就会读得很顺利。

（生再次齐读）

点评：名句品析，提纲挈领；训练品析，锻炼表达；感悟美点，领悟内蕴；润物无声，熏陶品格。

五、简洁收束，自然结课

师：好，谢谢同学们，我们很快乐地学习了这一课，下课。

生：老师再见。

师：同学们再见。

课例赏析

《爱莲说》一文，短小精悍，文质兼美，耐人寻味。

长文短教不易，短文长教更难，短文深教更是难上加难。余老师的课，举重若轻，由浅入深，环环相扣，层层推进。

初读课文，读准字音——趣读课文，感知文意——背景铺垫，知人论世——读析课文，突破难点。四大板块既有基础落实，又有难点突破；既有朗读指导，又有情感体悟；既有整体感知，又有选点精读。板块之间衔接紧密，过渡自然，训练层层推进，思维不断流动，目标逐步达成，以妙法教美文，实在美不胜收。

基于学情，以生为本。以朗读开课，读准字音；趣读心语，选点精读；突破难点，由浅入深，激发兴趣；全课教学，层层推进，情趣盎然。

注重训练，活动充分。余老师说："实践活动是课堂训练的聚宝盆，集体活动是高效课堂的顶梁柱。"本课教学，既有个体的品析说话训练，又注重集体的读写训练，形式多样，关注全体。

重视落实，积累丰厚。《爱莲说》是一篇文质兼美的文言文，在字词解释、全文翻译、美点品析、章法赏析等环节，余老师始终强调齐读、批注和做笔记。"知识卡片"运用巧妙，归纳知识，加深理解，确保落实，丰富积累。

选点精读，短文深教。《爱莲说》仅百余字，但可挖掘的教学点颇丰。在本课中，余老师选择"爱莲心语"，精读名句，并选取诸多难点一一突破，引导学生逐步将课文读通、读懂、读深、读透。

注重熏陶，美文美教。《爱莲说》美点诸多，余老师以美读品析引导学生探寻本文之美，让学生在美妙的课堂之中学习精美的文章，在探寻美的过程中铸就美好的品性。

10.《卖油翁》课堂教学实录及点评

时间：2012 年 10 月 30 日
地点：山东省桓台县世纪中学
点评：柳咏梅

课例导读

很多老师对文言文的教学方法和过程几乎是一样的，读通课文，串讲文意。余老师《卖油翁》一课的教学在扎实中尽显创意。他通过认读字音、辨析词义、品析词语表现力来实现字词积累；通过感受情味、赏析意味逐层理解文意；通过边读边做动作来体会人物形象，读出故事味……教学内容看似简单，在余老师的创意设计和精彩演绎下，这一课的教学呈现出鲜活、灵动、实在、高效的鲜明特点。相信读到这份课堂教学实录的读者都会默叹：卖油翁的技术乃“惟手熟尔”，余老师的教学艺术实为用心所致也。

一、初读课文

师：同学们，上课！

生：老师好！

师：同学们好，请坐！今天我和大家一起学习《卖油翁》。请大家读读课文，我听一听。

屏幕显示

卖油翁

/欧阳修/

陈康肃公善射，当世无双，公亦以此自矜。尝射于家圃，有卖油翁释担而立，睨之久而不去。见其发矢十中八九，但微颔之。

康肃问曰："汝亦知射乎？吾射不亦精乎？"翁曰："无他，但手熟尔。"康肃忿然曰："尔安敢轻吾射！"翁曰："以我酌油知之。"乃取一葫芦置于地，以钱覆其口，徐以杓酌油沥之，自钱孔入，而钱不湿。因曰："我亦无他，惟手熟尔。"康肃笑而遣之。

（生齐读课文）

师：嗯，读得好，但是不好听！

（师范读"陈康肃公善射，当世无双，公亦以此自矜。尝射于家圃，有卖油翁释担而立，睨之久而不去。见其发矢十中八九，但微颔之"）

师：像讲故事一样地读，语速慢些。好，再读起来。

（生齐读课文）

师：有进步！一会儿继续训练大家。这节课，我们要完成品读这个耐人寻味的故事的任务。《卖油翁》五读，就是我们的任务。

屏幕显示

《卖油翁》：一个耐人寻味的故事。任务：《卖油翁》五读。

点评：开门见山，了解学情；细细听读，直接点评；生动朗读，引领示范；目标明确，点示学法。

二、认读字词

师：第一读，理解文中的字词，学习方法是认读。字音认读，开始读起来。

> 屏幕显示
>
> 理解文中的字词。学习方法：认读。

> 屏幕显示
>
> 字音认读：矜　圃　睨　矢　颔　忿　酌　杓　沥

（生齐读）

师：每个字读三遍，就以这样的语速读。开始，读。

（生齐读）

师：好，继续。我们来理解字义，根据老师的提示，再看一看课文的注释，各自轻声地读起来。

> 屏幕显示
>
> 字义理解：矜　尝　圃　睨　矢　颔　安　徐　但　惟

（生各自轻声读，师巡视）

师：教材（注：旧版）中"安"字好像没有注释吧？"尔安敢轻吾射"中"安"的意思是"怎么"。这是我们根据实际的语境揣摩出来的。"但手熟尔"中的"但"，注释是"不过"，我认为应该加上一个字，改为"只不过"。"惟"，指"只，只是"。好，请同学们自读自讲，每个人把《卖油翁》的意思讲一遍。开始，讲起来吧。

（生自读自讲）

师：谢谢同学们！自读自讲，是一种极好的学习方法。我们在学习之中都要关注学习方法。

点评：方法指导，落在细处；字词先行，扎实基础；自读自讲，疏通文意。

三、感受情味

师：第二读开始，请大家朗读，感受故事中的情味，看要求。

屏幕显示

感受故事中的情味。学习方法：朗读。

屏幕显示

朗读第一段，以形态传神。

师：朗读第一段，以形态传神。这个时候，就应该把手上的书放下来，每个人都要做动作，边读边体会人物的动作、神情。“自矜”，可以做什么样的表情，什么样的手势？边读边做。我们一起来读。

（生齐读第一段）

师：好，我来读，每个人都要做动作，以你的表情、动作、形态来传神。“自矜”，什么意思啊？

生：（齐声）自夸。

师：自夸，觉得自己很了不得。好，注意啦。

师：（读，观察学生）“陈康肃公善射，当世无双，公亦以此自矜。”有的同学很谦虚，没有把“自矜”表现出来。再来。

师：（读，观察学生）“公亦以此自矜。尝射于家圃，有卖油翁释担而立，睨之……”怎么睨的呀？

生：斜着眼睛看。

师：这个“睨之”含义很丰富，瞧不起人的样子，或者冷冷地看人家。

师：（读，观察学生）“有卖油翁释担而立，睨之久而不去。见其发矢十中八九，但微颔之。”

“微颔之”，是矜持地点点头，不是很赞许地点头。好，我再读一遍，大家一起做动作。

（师再读第一段，生做动作）

师：好，同学们把这一段再读一遍，读起来。

（生齐读第一段）

师：好！卖油翁的神情、动作，让陈康肃公很不愉快。现在我们再以声音传神，把卖油翁和陈康肃公的语气读出来。

（生齐读课文第二段）

屏幕显示

朗读第二段，以声音传神。

师：这个故事很有味道。“康肃忿然曰”，这一句话还要加强语气。（范读“康肃忿然曰：‘尔安敢轻吾射！’”）康肃质问卖油翁。好，把这一句读一读。

生：（齐读）康肃忿然曰：“尔安敢轻吾射！”

师：好，继续。一位同学读，一位同学做动作。“乃取一葫芦置于地，以钱覆其口，徐以杓酌油沥之。”同学们试一试，我来看看动作。

（生两两配合，一人读，一人做动作）

屏幕显示

以动作传神。

师：我刚才观察了，有一个微妙的动作大家没有做出来。那个葫芦有点儿高，“以钱覆其口”，应该是拿一个铜钱放在葫芦口上面。刚才同学们那个动作，好像就是在桌面上移动，从这一头移到那一头，这就不对了。我来读，你们再做做动作。

“乃取一葫芦置于地，以钱覆其口，徐以杓酌油沥之。”慢慢地慢慢地倒。现在做对了，谢谢大家！我们带着这样的体会把全篇再读一遍，要把故事味读出来，神情、动作方面要有表现。读去读来就会读懂。

（生齐读）

点评：边读边动，趣味盎然；表演传神，深入文本；互动合作，模拟情态；生动朗读，感受情味。

四、辨析词义

师：下面我们开始第三读。学习方法是比较。为了更深入、更细致地理解一些字词的意思，我们要采用比较的方法。

屏幕显示

辨析课文中的词义。学习方法：比较。

师：理解一词多义现象。每位同学自己读书，静思默想，把课文里面的一词多义现象归纳出来，如两个“以”，两个“尔”，通过比较，其义自见。好，开始啦！

屏幕显示

以　尔　自　而

（生独自辨析、整理）

师：好的，我观察出来了。大家主要有三种学习方法。第一种方法，是坐那儿看书，用手点着字，一个字一个字地读，这是最差的学习方法。第二种方法，是把它们圈出来，表示自己已经找到这两个字了，但是没有辨析词义。第三种方法，把它们写出来，然后加上括号，辨析字义词义，这是最好的学习方法。可惜啊，只有几位同学用了这种最好的学习方法。

我们现在来交流，哪一位同学来讲解一下“以”的含义？好，请你来讲解。

生 1：我找到了两个“以”，“以钱覆其口”的“以”是“用”的意思，“以我酌油知之”的“以”是“凭、靠”的意思。

师：好，还有一个“以”吧？

生 1：公亦以此自矜。

师：这个“以”，也是“凭、因”的意思。好，谢谢你！过一会儿再做笔记。第二个字，“尔”。

生 2：“无他，但手熟尔”，这里的“尔”是“罢了”的意思。

师：这是一个语气词。

生 2：“尔安敢轻吾射”的“尔”是“你”的意思。

师：“尔安敢轻吾射”，这里的“尔”指的是“你”。看，这两个字的含义区别很大！

生 3：我找到了两个“自”，“自钱孔入，而钱不湿”，“公亦以此自矜”。“公亦以此自矜”的“自”是“自己”的意思，“自钱孔入”的“自”是“从”的意思。

师：很好。谢谢！“而”字的辨析就比较难了。哪位同学来？

生 4：我找到了两个“而”。“有卖油翁释担而立”，这个“而”是助词，无实义。“自钱孔入，而钱不湿”，这个“而”是“然而”的意思。

师：第一个“而”有修饰的意思，第二个“而”有转折的意思。

生 5：第一段中有“久而不去”，第二段中有“康肃笑而遣之”。

师：嗯，你这两个“而”字找得太好了，这两个“而”字最难理解。我们一起来看。这个时候就可以用自己喜欢的方法，比如做旁批，比如像这位同学，用大括号的形式来表现。好，我边讲你们边落实。

屏幕显示

以：公亦以（凭）此自矜　　以（用）钱覆其口

尔：但手熟尔（罢了）　　尔（你）安敢轻吾射

自：公亦以此自（自己）矜　　自（从）钱孔入

而：卖油翁释担而（表动作承接）立　　久而（地）不去

而：自钱孔入，而（然而）钱不湿　　康肃笑而（着）遣之

（师讲解，生做笔记）

师："公亦以此自矜"的"以"是"凭，凭借"的意思，也可以说它是"因"的意思，"因此而自矜"。"以钱覆其口"的"以"是"用"的意思。"但手熟尔"的"尔"，指"罢了"，表达一种语气。"尔安敢轻吾射"的"尔"，代词，指"你"。"自"是比较容易理解的，"以此自矜"的"自"，指"自己"，自己很赞许自己。"自钱孔入"的"自"，指"从"。"卖油翁释担而立"，"释担"与"立"是两个动作，这个"而"表示动作的先后。"久而不去"，久久地不离开，这个"而"含有"地"的意思。"自钱孔入，而钱不湿"的"而"最好理解，指"然而"。"康肃笑而遣之"，"笑而"指"笑着"。这样我们就把它们的区别弄清楚了。

比较，是很有力的方法。先是寻觅、分类，然后还要诠释，所以这样的学习过程很辛苦。谢谢同学们的努力！我们继续来读书。

点评：辨析词义，细腻全面；寻觅分类，诠释整理；词不离句，学而有方；虽是辛苦，乐在其中。

五、赏析意味

屏幕显示

赏析语句背后的"意味"。学习方法：揣摩。

师：第四读，赏析字词的表现力。学习方法是揣摩。我们独立分析课文中的某个词、某个短语或者某个句子，看它表现了什么。这就很好说，如"自矜"这个词表现了什么，你看一下就能品味出来。好，先自己读书，然后我们来交流。要养成好习惯，手上要有笔，随时把你读书的心得旁批在课本上。

（生自读自品）

师：好，请各抒己见。你是第一个举手的。

生1："但微颔之"，暗示卖油翁后来酌油的手熟。

师：我觉得首先要讲"但微颔之"表现了什么，然后再说它更深层次的作用。再讲一遍。

生1："但微颔之"，这暗示了卖油翁后来酌油的手熟。

师：暗示，敢于微颔，一定表现自己也有过硬本领。

生2："有卖油翁释担而立，睨之"，这个"睨"字表现了他对陈康肃公不在意，也表现了他对酌油这件事有信心。

师："睨之"，写出了人物的神情，"睨"就表现了卖油翁不以为意，他不是惊讶地看着，而是"睨之"。

生3：第一段的"公亦以此自矜"中的"自矜"和"尔安敢轻吾射"表现了陈康肃公的自大。

师：很好。要是补充一句就更好了。最后怎么样啊？"笑而遣之"，表现出他被折服了。那么，陈康肃公这个人也是很可爱的，对吧？脾气很大，很自傲，但是也不缺乏胸怀。

生4：请看第二段最后，"我亦无他，惟手熟尔"，表现了卖油翁谦虚的心态。

师：就是这种谦虚的劲头，让康肃公折服。这个人有绝技，但是又很谦虚。

生5："陈康肃公善射，当世无双，公亦以此自矜。""善射"写出了陈康肃公射箭的本领非常高强，"自矜"又写出了他那种骄傲自大的心理。

师：这位同学的方法就有创新。她连起来说这两个地方的字词表现了人物什么样的性格、什么样的心理。很好。你要补充？

生6：不是，我要再说一处。

师：好。

生6："翁曰：'以我酌油知之。'乃取一葫芦置于地，以钱覆其口。"这句话写出了卖油翁对自己有信心，还写出了他的技术很高超。

师：这一连串的动词其实就是写他的技艺高超，非常熟练。

生7：那个卖油翁的话语、动作，表现出他想打击康肃公，让他不要自大。

师：不是这样的。这是两个萍水相逢的人，又不认识，所以他们之间没有什么矛盾，只不过各自展现自己高超的技艺罢了。

好，我们来看一看。“自矜”一词用得好，写出了康肃公颇为自得的心理、神情，更多的是写他的心理活动。

“睨”“微颔”，表现了卖油翁不以为奇的神情。这是两个很有趣、很微妙的动作描写。动作描写是为了表现人物的心理活动。“睨之”“微颔”，都表现了人物的心理，同时又写出了他的神情。还有一连串的动词，“取”“置”“覆”“酌”“沥”，就是写手熟的样子，巧用动词。

“忿然”，写出了陈康肃生气的样子。“笑而遣之”，写出了陈康肃被折服。一个大将军和一个卖油的老头儿，他们之间发生了这样一个很有趣的故事，其实主要写的是技艺高超。

点评：研读语句，揣摩人物；赏析字词，体会意味；师生共评，妙不可言。

六、品析语言

师：好，下面用一点点儿时间进行我们的第五读。

屏幕显示

了解一种品析的方法。学习方法：听记。

师：我们来了解一种方法，老师讲，你们把它记一记就可以了。阅读方法，根据课文的具体内容而定，有时候方法是可以创新的。

屏幕显示

用带“两”字的句子分析本文语言的表现力。

师：我们可以用带“两”字的句子，多角度地分析这篇文章。这是学习《卖油翁》这篇文章特有的方法。

师：这篇课文中写了几个人？

生：两个。

师：有几段啊？

生：两段。

师：有两种什么样的道具啊？

生：弓箭和卖油的用具。

师：你们看，还有两种高超的技艺、两种不同的性格吧？再看，两件事，第一件事是射箭，第二件事是酌油，用“手熟”把这两件事连起来。还有更加丰富的内容。

屏幕显示

文中写了两件事：射箭，酌油。从射箭到酌油，用“手熟”二字过渡。“手熟”一词，揭示了射箭与酌油之间的内在联系。

文中有两个词对陈尧咨进行了概括介绍：“善射”，说明了他的特长；“自矜”，点出了他的弱点。

“汝亦知射乎？吾射不亦精乎？”“尔安敢轻吾射！”这是陈康肃的两次问话。前者体现了他轻蔑而又自傲的态度，后者则是严厉的正面呵斥，表现了陈康肃盛气凌人的态度。

文中有两个地方写出了卖油翁身怀绝技，一是他对陈的射技“微颔”，这里是“暗写”；一是“酌油沥之”的表演令人惊叹，这里是“明写”。

文中两次出现“手熟”。作者在文章中要阐明的道理就是从“手熟”二字引申而来的：技艺专长，熟能生巧，不值得自我炫耀。

（师讲析，生听记）

师：大家是不是觉得很有趣啊？

生：嗯。

师：谢谢大家，做了这么多的笔记。这节课我们进行了五读，同学们辛苦了，下课！

生：老师再见！

师：同学们再见！

点评：“两”字分析，设计精巧；语言品析，角度多样；教师讲解，学生笔记；精妙总结，余味无穷。

课例赏析

《卖油翁》一课的教学，生动地体现了余老师阅读教学的一贯主张，他十分注重创意设计，注重语言积累。

从整节课的结构看，它具有典型的板块式的特点。教学伊始，余老师即交代本课的学习方法：五读。理解字词，感受情味，辨析词义，赏析意味，品析语言，五个板块清楚明了，由表及里，由浅而深。学生学得有趣、扎实、细致、高效。

在课堂上，余老师就像卖油翁一样，在不动声色中，尽显高超的教学艺术。

高超在“实”。

手法朴实，认读、朗读、比较、揣摩、听记，学生在老师的引领下，专注地进行语言的积累和运用。指导切实，“像讲故事一样地读，语速慢些”，这样一点拨，学生一下子就明了如何控制语速；“每个人都要做动作，边读边体会人物的动作、神情”，学生于是理解了何为“以形态传神”。训练扎实，字音认读、字义理解、词义辨析，看似小事，在这篇文言文的学习中却是重要的大事。没有扎实的训练就无从谈积累和运用。

高超在“活”。

板块式教学中蕴藏着灵动和鲜活，这是非常精妙的。这节课的两大任务是语言积累和妙处品析，五个板块穿插进行，这让教学过程显得生动、多彩。“感受故事中的情味”，通过朗读课文来分析人物形象；“每个人都要做动作，以你的表情、动作、形态来传神”，边读边做动作，慢慢走近人物，感受情味。老师趣教，学生趣学，师生仿佛一起见证了陈康肃公和卖油翁的较量，趣味盎然。

卖油翁“惟手熟尔”，这是技术；余老师领着学生们在文本里来回穿梭、满载而归，这是艺术。

11.《三峡》课堂教学实录及点评

时间：2016 年 12 月 9 日
地点：北京十一学校龙樾实验中学
点评：苏丽

课例导读

文言文教学如何做到“活”与“实”的统一，余老师的课堂教学，就是很好的范例。灵动的师生对话、灵活的板块设计、活跃的课堂氛围，无不闪现着设计者的智慧；厚实的课堂积累、扎实的文字训练、朴实的问题设计，无不阐释着语文教学的真谛。

一、导入

师：这节课我们一起学习《三峡》，把导语读一读。

屏幕显示

三峡风光，美不胜收。作者笔下的三峡，雄奇险拔，清幽秀丽，令人不禁也想做一次三峡之旅。

（生齐读）

师：把我们今天这节课的四个环节读一读。

屏幕显示

识文词　知文意　诵文章　赏文段

（生齐读）

师：这些都是大家的事，都是需要我们每位同学辛苦去做的事。好的，开始识文词的训练。

点评：用朗读导语的方式导入新课，不蔓不枝；识文词，知文意，诵文章，赏文段，明确告知学生本节课的学习目标。

二、识文词

屏幕显示

识文词

师：首先各自读课文、读注释，人人开口。读课文、读注释的时间为四分钟，抓紧时间大声地读起来。

屏幕显示

自读课文，自读注释。

三 峡

/ 郦道元 /

自三峡七百里中，两岸连山，略无阙处。重岩叠嶂，隐天蔽日，自非亭午夜分，不见曦月。

至于夏水襄陵，沿溯阻绝。或王命急宣，有时朝发白帝，暮到江陵，其间千二百里，虽乘奔御风，不以疾也。

春冬之时，则素湍绿潭，回清倒影。绝巘多生怪柏，悬泉瀑布，飞漱其间，清荣峻茂，良多趣味。

每至晴初霜旦，林寒涧肃，常有高猿长啸，属引凄异，空谷传响，哀转久绝。故渔者歌曰："巴东三峡巫峡长，猿鸣三声泪沾裳。"

（生读课文）

师：好的，我的观察是——有同学没有尽情地读。读书是自己的事，不是说这遍读完了就停止。时间多珍贵，我们一起来，把所有的注释读一遍。从第二个开始。

（生齐读注释）

屏幕显示

趣味识字　特别强调

师：根据注释我们就能把课文读通。下面，我们把认字、识字的过程再细化一下。趣味识字，大家看，带"山"字旁的字和它的意思，读起来吧。"巴东三峡"，读。

屏幕显示

带"山"旁的字和它们的意思

巴东三峡	峡：两山夹水的地方。
重岩叠嶂	岩：巨石凸起形成的山峰。
	嶂：zhàng，高耸如屏障的山峰。
绝巘多生怪柏	巘：yǎn，极高的山峰。
清荣峻茂	峻：jùn，高而陡峭。

（生齐读）

师："峡""岩""嶂""巘""峻"，这些带"山"旁的字表现出三峡山多的特点。"嶂"字大家写一下，用手画一下，常用字"峻"也是如此，"巘"字认识一下就行了。与带"山"旁的字相对应的应该是——对了，带"氵"旁的字，这样的字更多，读起来吧。"沿溯阻绝"，读。

屏幕显示

带“氵”旁的字和它们的意思

沿溯阻绝　沿：顺流而下。
　　　　　溯：sù，逆流而上。
素湍绿潭　湍：tuān，急流的水。
悬泉瀑布　瀑：从河床陡坡或悬崖倾泻而下的水流。
飞漱其间　漱：shù，冲荡。
林寒涧肃　涧：此指峡谷。
泪沾裳　　沾：浸湿。

（生齐读）

师：注意“湍”“瀑”的写法，大家还要写一下“漱”字，很多同学会把偏旁写错。这些带“氵”旁的字，表现了三峡中水的独特风貌。

下面这些字词也需要准确理解，大家读一读。

屏幕显示

自非：如果不是。　陵：丘陵、山陵。
阻绝：阻断。　或：偶或。
御：驾着。　良：的确，实在。
肃：寂静。　响：指“回声”。

（生齐读）

师：课文里面有一个字没有注释，“绝”就是“断”的意思，“阻绝”就是“阻断”。还有两个短语，“隐天蔽日”，读。

屏幕显示

隐天蔽日：把天遮住了，把太阳也挡住了。
清荣峻茂：水清、树荣、山高、草茂，指江水清澈，两岸山峰高峻，山上草木茂盛。

（生齐读）

师：第二个短语很特别，“清”“荣”“峻”“茂”各指一种景物的特点。在作者笔下，江水清澈，两岸山峰高峻，山上草木茂盛。好，同学们，识字词任务大家完成得很好，我们接下来该做什么呢？知文意。

点评：这一环节注重对学生整体的训练，特别有创意的是“趣味识字”，将原本枯燥的认字、识字过程变得如此有深度、有趣味。

三、知文意

屏幕显示

知文意

师：很简单，我们一起来把有关的翻译文字读一读。我读一段课文，你们读一段翻译文字。

（屏幕显示课文）

师：“自三峡七百里中，两岸连山，略无阙处。重岩叠嶂，隐天蔽日，自非亭午夜分，不见曦月。”读起来。

屏幕显示

在三峡七百里中，两岸都是连绵的高山，没有一点儿中断的地方。层层叠叠的高峰，把天空和太阳都遮蔽了。如果不是在正午和半夜，连太阳和月亮都看不见。

（生齐读第一段译文）

师：“自非亭午夜分，不见曦月”，“曦”，阳光，在这里指代太阳。好，读第二段。“至于夏水襄陵，沿溯阻绝。或王命急宣，有时朝发白帝，暮到江陵，其间千二百里，虽乘奔御风，不以疾也。”读起来。

屏幕显示

在夏天水涨、江水漫上山陵的时候，上行和下行的船只都被阻断。如有皇帝的命令要急速传达，有时清早坐船从白帝城出发，傍晚就到达江陵。中间相距一千多里，即使骑着飞马，驾着疾风，也不如它快。

（生齐读第二段译文）

师：注意，“夏水”点示了季节，为什么要把“夏水”放在前面写呢？水非常急，非常大，把最特别的景色、最雄阔壮丽的景色放在前面写。“有时朝发白帝，暮到江陵，其间千二百里，虽乘奔御风，不以疾也。”运用了夸张、对比的手法。他还假设了一个情景，如果有皇帝的命令要急速传达，也能很快地到达。因此，这一段巧妙地写了水之大、水之急。

读第三段。“春冬之时，则素湍绿潭，回清倒影。绝巘多生怪柏，悬泉瀑布，飞漱其间，清荣峻茂，良多趣味。”

屏幕显示

在春、冬两个季节，雪白的急流，碧绿的深潭，回旋着清波，倒映着影子。极高的山峰上生长着奇形怪状的柏树；山峰之间常有悬泉瀑布飞流冲荡。水清，树荣，山高，草盛，实在是趣味无穷。

（生齐读第三段译文）

师：这是文中写得最美妙的一段。画面很美，景物众多，特别是语言极其精致。过一会儿，我们会专门欣赏这个段落。第四段：“每至晴初霜旦，林寒涧肃，常有高猿长啸，属引凄异，空谷传响，哀转久绝。故渔者歌曰：‘巴东三峡巫峡长，猿鸣三声泪沾裳。’”好，读起来。

屏幕显示

每到秋天初晴的时候或下霜的早晨，树林清凉，山涧寂静。常有高处的猿猴在拉长声音鸣叫，连续不断，凄凉怪异。空旷的山谷传来猿啼的回声，悲哀婉转，很久才消失。所以，渔歌唱道：“巴东三峡巫峡长，猿鸣三声泪沾裳。”

（生齐读最后一段译文）

师：这一段好在哪里呢？大家要批上一句话：写景的文章，最终要落脚到写人上。这篇文章是典型的写景文，但它最后点到了“渔者歌曰：‘巴东三峡巫峡长，猿鸣三声泪沾裳。’”人与景的和谐才是写景文章的生命。这一段的美妙技巧是什么呢？照应。“高猿长啸，属引凄异，空谷传响，哀转久绝”照应的是“两岸连山，略无阙处。重岩叠嶂，隐天蔽日”。一起来，读一读全文。“自三峡七百里中”，读。

（生读课文）

师：很好。下面训练大家怎么朗读——诵文章。

点评：这一环节的设计很简单，仍是对学生的整体训练，大量节约了教学时间，提高了课堂教学效率。

四、诵文章

屏幕显示

诵文章

师：共三次训练。先读好领起词的短暂拖音。

屏幕显示

读好领起词的短暂拖音。

师：大家听，（范读“自三峡七百里中”）这个“自”就是领起字，“至于”“或”“有时”“虽”都有领起的意味。（提醒：“我在观察你们，有的学生很聪明，马上做旁批；有的学生在那儿呆坐，时间不就流逝了吗？”）

好吧，一起来，读好领起词的短暂拖音，先试一下，“自——”，读。

屏幕显示

自 / 三峡七百里中
自非 / 亭午夜分
至于 / 夏水襄陵
或 / 王命急宣
有时 / 朝发白帝
虽 / 乘奔御风
则 / 素湍绿潭
每至 / 晴初霜旦
故 / 渔者歌曰

（生齐读）

师：我再读一遍，大家听一听。

（师范读）

师：这样一读，文言文的味道就出来了，同学们读起文章来就好听了。要读好四字词语的节奏。这篇文章的语言特点，就是四字短语众多。大家听。

屏幕显示

读好四字词语的节奏

两岸 / 连山，略无 / 阙处
重岩 / 叠嶂，隐天 / 蔽日

自非 / 亭午 / 夜分，不见 / 曦月

…………

（师范读）

师：二二节奏，读出来，要有音乐的美感，而且要准确地把握短语内在的含义。好，试一下，“两岸 / 连山”，读。

（生齐读）

师：很好，再读特别之处的顿音，有两处是一定要顿开的。

屏幕显示

读好特别之处的顿音

清 / 荣 / 峻 / 茂

巴东三峡 / 巫峡长，猿鸣三声 / 泪 / 沾 / 裳

…………

师：第一处，“清 / 荣 / 峻 / 茂”，为什么要顿开？因为这个短语写的是四种景物，“水清、树荣、山峻、草茂”。你要是读成“清荣 / 峻茂”就表示你没有读懂这个短语的意思。另外，“巴东三峡 / 巫峡长，猿鸣三声 / 泪 / 沾 / 裳”，最后三个字要慢慢地读出来，这三个字在这里有抒情的作用。（范读“巴东三峡 / 巫峡长，猿鸣三声 / 泪 / 沾 / 裳”）文章就这样在舒缓的朗读声中结束。大家来试一下。

（生齐读）

师：还有一处你们没有注意到，第二段中，“至于 / 夏水襄陵，沿 / 溯 / 阻绝”，“沿”和“溯”是要分开的，顺流而下，逆流而上，是两种意思。好吧，各自习练几分钟，把这几种技巧都要用在你的习练中。

（屏幕显示全文，生齐读）

师：嗯，好听，和我们刚才的朗读完全不同了。我还要告诉大家这篇文章的秘诀。四段文字，每一段大致上都是分两个层次。非常有意思

的是，两个层次大致上都是先描写，再议论抒情。比如说，第一段，“自非亭午夜分，不见曦月”；第二段，“虽乘奔御风，不以疾也”；第三段，“清荣峻茂，良多趣味”；第四段，“故渔者歌曰：‘巴东三峡巫峡长，猿鸣三声泪沾裳。’”这些都带有议论抒情的味道，评价的味道，可见作者笔法的高妙。好，一起来，再体会一次，读好领起词的短暂拖音，读好四字词语的节奏，读好特别之处的顿音。

（生齐读）

师：嗯，不错，谢谢大家的努力，我们还有一次训练——赏文段。

点评：这一环节的设计非常精美，如何将朗读训练融入到平时的语文课堂教学中，在朗读训练中如何巧妙融入句子的理解、结构的赏析，余老师的设计给了我们诸多启发。

五、赏文段

屏幕显示

赏文段

师：听我读第三段，感受它的语言之美。

（范读第三段）

师：大家思考一下，这一段语言文字的表达之美在什么地方？

屏幕显示

欣赏第三段文字的表达之美。

师：大家做做笔记，我点拨一下，层次、动静、声色、俯仰等，都是可以品析的。请自由观察，然后表达你的看法。好多好多的美点都在这段话里面，它能代表《三峡》整篇文章的语言美。

（生静思）

师：好，可以说话了。你可以分析一个字用得好，或者分析一个短语、两个短语用得好。这叫“随便说话”，但都是在品味语言。

生 1：我品析“则素湍绿潭”，这一句写得特别好，“素湍”是动态描写，“绿潭”是静态描写，一动一静，相互对应。

师：相互映衬。

生 1：它写出了三峡的水特别的美，而且给人感觉特别灵动。我还觉得，其实“素湍绿潭”有一点儿写声的味道，“回清倒影”是写三峡的山林倒映在水里的景色，所以，这里也有声色的映衬。

师：分析得好。“素湍绿潭”，写出了水的不同形态，就是这位同学所说的有动有静。“湍”是急流，“潭”是深水；“素”是白色，“绿”是绿色。水的形态、颜色都出来了。这四个字有多么大的信息量啊。“回清倒影”又是什么意思呢？素湍回清，绿潭倒影，白色的急流是清澈的，深深的绿潭倒映着周边的景物。这八个字就是写水之美的。

生 2：第三段，先写“绿潭”，后写“倒影”“怪柏”“瀑布”，接着是总的概括“清荣峻茂”，先抒情后议论，让人感受到画面的美。

师：啊，你太聪明了。层次清晰，表现在哪两个方面呢？第一，首先点时间，“春冬之时”，然后再分写景色。第二，先描述再议论抒情，“清荣峻茂，良多趣味”是议论、评价，这八个字带有丰富的情感。

生 3：我觉得“悬泉瀑布，飞漱其间”这句话写得特别好。在我们平常人的眼里，瀑布很壮观，可能没有太多其他的想法。但作者说“飞漱其间”，“漱”是“冲荡”的意思，就是说瀑布飞在悬崖之间，然后冲荡下来，这句话也表达了作者对瀑布特别的赞美。

师：“飞”字用得好，“飞流直下三千尺”在这里得到了印证，“飞漱其间”写出了高度，写出了速度，暗写声响，我们似乎能感觉到呼呼的声音，水撞击悬崖的声音也是很好听的。“漱”字也用得好，我们甚至能感觉到浪花的飞沫飘落在我们的面前。

生 4：“绝巘多生怪柏”，“绝巘”是指“极高的山峰”，在极高的山峰上这些柏树可能生长在石缝之间，它们向着阳光生长，所以长得奇形怪状，这也显示出了三峡中树木的习性。

师："怪"字用得特别好，写出了"柏"的奇异形态。为什么"绝巘多生怪柏"呢？山高风大，在这样险峻的环境中，树木的形态都是被大自然塑造的，树木在大风吹击下，其形态会发生变化，所以"绝巘多生怪柏"。而且"怪柏"点缀着"绝巘"，"怪柏"也暗写色彩，有高高的山，有绿色的树，又是一幅美妙的画面。我们来看一看，这一段文字美在哪里呢？读起来。

屏幕显示

美在层次的清晰。先点明时令，再写江水，然后写山岩，最后总写一句，可谓情景交融。

（生齐读）

师：批上八个字：层次清晰，情景交融。作者不是纯粹写景，他是融入了热爱、赞叹、陶醉之情的。层次很清晰，先写时令、水、山，最后议论抒情，就这么三十多个字就构成了这样精致的结构，再读。

屏幕显示

美在景物的摄取。有山有水，有动有静，有声有色。作者"以点代面"，表现了三峡的雄奇秀美。

（生齐读）

师：批三个短语：有山有水，有动有静，有声有色。"素湍"能够让我们感受到色彩，"飞漱"能够让我们感受到声音，三峡的雄奇和秀美都在这幅画面里得到了体现。"美在视角的变化"，读。

屏幕显示

美在视角的变化。先从俯瞰的角度写"素湍绿潭"，再从仰视的角度写"悬泉瀑布"。

（生齐读）

师：你们要批上：俯瞰仰视。写水是往下看，写“飞瀑”“绝巘”是往上看，视角的变化也是很美的。还美在哪里呢？“美在线条的组合”，读起来。

屏幕显示

美在线条的组合。清流回旋，高山矗立，怪柏展姿，飞瀑跌落。

（生齐读）

师：回旋是一种线条，矗立是一种线条，“怪柏”的线条更复杂，飞瀑有美妙的弧线。请大家批上：线条组合之美。

师：“美在景物的映衬”，读起来。

屏幕显示

美在景物的映衬。深潭之上有浮动的倒影，绝巘之巅有苍劲的怪柏，山水之间悬挂着白练一样的瀑布。

（生齐读）

师：立体的景物，立体的画面。继续往下读。

屏幕显示

美在语言的秀美。“素”“绿”“清”“影”几个字，写出了景物的清幽之美。

（生齐读）

师：这几个字用得很讲究，表现出语言秀美的特点。还美在哪里呢？

屏幕显示

美在语言的生动。“回”“倒”“怪”“飞”几个字，写出了景物的形态之美。

美在文字的凝练。“清”“荣”“峻”“茂”几个字，概括了不同景物的美感。

（生齐读）

师：用字非常凝练，而且非常生动，字字都有表现力。继续做好旁批。

点评：在这一板块，师生进行着高雅的文学鉴赏活动。师生高质量的对话交流，教师高屋建瓴的课堂小结，如万花筒般奥妙无穷。

六、结课

师：总之，《三峡》带给我们的就是美景、美情，美的文章结构，美的语言运用，美的表现手法，无尽的美。好，读一读，“作者写景”。

屏幕显示

作者写景，采用的是大笔点染的手法。连绵的群山，雄伟的屏障，高峻的山峰，汹涌的江流，雪白的急流，碧绿的潭水，回旋的清波，美丽的倒影，苍翠的怪柏，飞悬的瀑布，哀转的猿鸣，悲凉的渔歌……画面连绵，展示着三峡的奇美景象。

（生齐读）

师：好，再批四个字：画面连绵。整篇文章由连绵的画面构成，展示着三峡的奇美景象。

师：谢谢同学们，大家辛苦了！下课，同学们再见！

点评：在琅琅读书声中收束本课教学，余味悠长。而屏幕显示的这一段精美文字，再次彰显余老师解读文本的高度、文学功底的深度。

课例赏析

如果说郦道元的《三峡》是中国古典诗文的一颗明珠，情景交融，文采飞扬，那么余老师这一课的教学就是一缕清风，让我们拨云见日，回味悠长。

美文是语文教材的基础，美文是阅读教学的基地。美文必须美教，这是不容置疑的。怎样才能实现美教？以本课为例，我们可以获得以下启发。

课文研读是关键。“教材无非是个例子”，教师就是要深入研读教材，从而发现文字背后的奥秘，把教材的“示范价值”挖掘出来。研读教材，我们需要具备“吟安一个字，捻断数茎须”的态度。余老师美美的课堂都是建立在深深的课文研读基础之上的。通过研读，才有美妙的发现：本课有许多带“山”旁和带“氵”旁的字，于是有了“趣味识字”这一环节的设计；第三段的美点寻踪，短短 8 句话，35 个字，余老师却寻到了如此多的美点：美在层次的清晰、美在景物的摄取、美在视角的变化、美在线条的组合、美在景物的映衬、美在语言的秀美、美在语言的生动、美在文字的凝练，于是有了课堂上和学生之间行云流水般的对话。

知识积累是基础。在文言文教学中，为了理清词句，很多老师采取逐字逐句的串讲法，然后让学生记忆。这样一来，再优美的文章也会变成一地的琐碎，虽然有了积累，但会失去灵魂。余老师的这堂课积累非常丰富，既有字词积累，也有大量语文知识的积累，“层次清晰”“情景交融”“有山有水”“有动有静”“有声有色”……一大串文学欣赏的语汇出现在师生的对话里，呈现在老师的课件上，落实在学生的笔记本里。而从学生的活动来看，以“整体训练”为主要形式，穿插了学生自读、齐读、默读、记笔记等多种活动方式。

朗读训练是抓手。余老师重视诵读，引导学生在一次次的诵读中收获新的知识。有时，读中理解，相互印证。如指导学生“读好特别之处的顿音”，“清／荣／峻／茂”，之所以要顿开，就是因为这个短语写的是四种景物——“水清、树荣、山峻、草茂”。有时，读中分析，一石二鸟。如指导学生朗读“巴东三峡／巫峡长，猿鸣三声／泪／沾／裳”，“最后三个字要慢慢地读出来，这三个字在这里有抒情的作用”。这样，学生从一篇而知一类，既懂得了朗读，也知晓了句子的作用。有时，以读为线，巧妙分层。如指导学生通过朗读，发现每一段都是分两个层次，大致是先描写，再议论抒情。这样，学生在朗读中加深了对文章层次的理解、写法的理解。

余老师犹如一位导游，带领着学生们在文言文花园里徜徉、发现、探索、采撷，中国古典文学的花儿在余老师的语文课堂里被酿成了甜美的蜜。

12.《答谢中书书》课堂教学实录及点评

时间：2010 年 11 月 20 日
地点：四川省成都七中嘉祥外国语学校
点评：刘礼群

课例导读

这篇 68 字的尺牍小品文，于学生而言，犹如一处从未领略过的风景名胜。余老师就像一位高明的导游，带领学生徜徉在美妙的文字中，通过“课文美读”“佳句赏评”两项主要活动，欣赏文中山水景物的映衬之美，品味文章写景抒情的层次之美，涵泳作者娱情山水的情致之美……师生共同沉浸在美妙的氛围中，拥有了一趟美好的旅程。

一、教学铺垫

师：这节课我们一起来学习陶弘景的《答谢中书书》。我们一起来把课文标题读一下，看怎么读好。

生：答／谢中书／书。

师：准确。一起来看背景材料，“陶弘景”，读——

屏幕显示

陶弘景（456—536），字通明，号“华阳隐居”，丹阳秣陵（今江苏南京）人。著名的道教思想家、医药学家。南朝齐时曾在朝为官，后隐居名山之中。在科技和文化领域多有贡献，一生著述甚丰。

（生齐读）

师：这是一个很了不起的人。你看我们的课文中有个词，叫“欲界”，大家看注释，这是个佛教用语。他是道教茅山派代表人物，又精通佛教，他是医药学家，也当过官，著述甚丰。今天我们学习他这篇小品文，就能从中感受到他的魅力。

点评：背景式铺垫，拉近了学生与作品的距离，为后文理解、品析文章做了厚实的铺垫。

师：下面我们简说课文，你们要学会做笔记，每一句话记四个字。

屏幕显示

> 课文简说：这是一篇尺牍小品；这是一篇模山范水的文章；这是一篇山水景物相映成趣的文章；这是一篇语言骈散结合的文章；这是一篇表现作者娱情山水的文章。

师：“这是一篇尺牍小品”，记哪四个字呢？

生：尺牍小品。

师：“尺牍”就是书信。这是一篇模山范水的文章。

生：模山范水。

师：“模山范水”是什么意思呢？就是用绘画或文字描绘山水之美。这是一篇山水景物相映成趣的文章。

生：相映成趣。

师：“相映成趣”，就是说文中的景物相互映衬，显得和谐、生动。这是一篇语言骈散结合的文章。

生：骈散结合。

师：两马并驾一车称为“骈”，骈文就是句式对称的文章；散句，就是不对称的句子。这篇文章有骈句有散句，称为“骈散结合”。这是一篇表现作者娱情山水的文章。

生：娱情山水。

师：徜徉在山水里面，隐居在山林里面，他认为这是一种快乐。

点评：课文简说，提炼精准；指导笔记，启发思维。

师：继续来，补充注释。

屏幕显示

补充注释

答：酬答，酬和作答。

书：书信。

川：河流。

俱备：齐备，全有。

康乐：谢灵运（385—433），著名山水诗人。

未复：不再，还没有。

奇：妙处，景色的奇丽。

师：“答”，酬答，不要翻译成“回答”，应该是“酬和作答”，这就比较雅致。“书”，书信。“山川之美，古来共谈”，“川”，河流。“四时俱备”，“俱备”，齐备，全有。“自康乐以来”，“康乐”是一个人，指谢灵运，著名的山水诗人。“未复”，不再，还没有。“未复有能与其奇者”，“奇”，妙处，美好之处，神奇之处，也可以说“景色的奇丽”。

好，有了老师的补充注释、课文详细的注释，加上这篇课文本身就比较好懂，大家现在就可以进行这样一项热身活动：自读自讲，一边轻声读课文，一边给自己讲文句的意思。好，开始吧。

（生读讲几分钟）

师：很好！自读自讲的时候就是要旁若无人。

点评：结合注释，理解文意，自读自讲，体现了文言文学习的基本要求。

二、课文美读

师：这节课我们围绕两个字来学习，一个是“读”，一个是“写”。先是读。怎么读？朗读！我来教大家怎么读。首先，读清课文的层次。

屏幕显示

体味如何朗读：读清课文的层次。

师：提示一下，这篇课文我们可以通过朗读来表现它的两个层次。这边三排的同学读第一层，那边的同学读第二层。要求做到声音同起同落，这是很高的要求。大家要先思考，第一层读到什么地方，第二层从哪儿开始。好，开始准备！

（生思考、准备一分钟）

师：八年级的学生应该一眼就能看出课文的结构层次。“山川之美”，读！

生（第一组）：山川之美，古来共谈。高峰入云，清流见底。两岸石壁，五色交辉。青林翠竹，四时俱备。晓雾将歇，猿鸟乱鸣；夕日欲颓，沉鳞竞跃。

生（第二组）：实是欲界之仙都。自康乐以来，未复有能与其奇者。

师：真好！大家在朗读的时候，脑海中就应该有这四个字了——“叙议结合”。我们来看课文吧。

屏幕显示

答谢中书书

/ 陶弘景 /

山川之美，古来共谈。高峰入云，清流见底。两岸石壁，五色交辉。青林翠竹，四时俱备。晓雾将歇，猿鸟乱鸣；夕日欲颓，沉鳞竞跃。实是欲界之仙都。自康乐以来，未复有能与其奇者。

师：前者是描述，后者是议论抒情。

再来读，把课文的第一层再读成两个层次。请大家告诉我，第一层读到哪里为止呢？

生：古来共谈。

师："山川之美，古来共谈"，领起全文，领起全文写景的内容，领起全文描写的内容。大家看，多清晰啊！一起来读，注意："山川之美，古来共谈"后面停一拍，然后再读"高峰入云"；"沉鳞竞跃"后面停一拍，再读"实是欲界之仙都"，这就表示你读懂了课文的层次。

师："山川之美，古来共谈"，读——

（生齐读全文）

点评：以读带析，分析层次，理解"描述 + 议论"的构思，可谓"一石二鸟"。

师：很好，但我以为，读这样的抒情文章，我们的语速还是快了一点儿。继续来，读出景物的壮美和秀美。

屏幕显示

体味如何朗读：读出景物的壮美和秀美。

师：从这幅画面里，从屏幕上的文字里，我们能够感受到哪些地方应该读得壮美，哪些地方应该读得秀美。听我读——

屏幕显示

高峰入云，清流见底。两岸石壁，五色交辉。青林翠竹，四时俱备。晓雾将歇，猿鸟乱鸣；夕日欲颓，沉鳞竞跃。

（师范读）

师：听出来没有？读"晓雾"几句，应该柔和，轻声，这样我们就能感受到景物的壮美和秀美。试一下！"高峰入云"，读——

（生齐读）

师：不错，但是还要有抒情的味道。"高峰入云"就不能读成"高／峰／入／云"。（范读"高峰入云，清流见底"）这样就好听。同样，第一句"山川之美"，也要读出抒情的味道。还要把前面训练的成果显示出来。"山川之美，古来共谈"后面停一拍，然后读出壮美，再读出秀美；"沉鳞竞跃”后面停一拍，再读出感叹。“山川之美”，读——

（生齐读全文）

点评：强调节奏、停连、轻重、语速、语气、语调，朗读指导细腻，拾级而上。

师：好，基本上可以。再来训练，读出作者的陶醉与赞叹，他陶醉于山水，赞叹山水之美，同时还欣赏自己。

屏幕显示

体味如何朗读：读出作者的陶醉与赞叹。

师：这次我们要读得比较有激情，比较夸张。关键是第二层，“实是欲界之仙都”，体味一下，它表现出作者不可遏制的对山川之美的赞叹。怎么读？我给大家示范一下，要读得比较有激情，比较夸张。（范读“晓雾将歇，猿鸟乱鸣；夕日欲颓，沉鳞竞跃。实是欲界之仙都。自康乐以来，未复有能与其奇者”）夸张体现在哪里啊？

生：实是欲界之仙都。

师：大家能不能做到更陶醉、更夸张一点儿呢？

生：能。

师：试一下。“高峰入云”，读——

屏幕显示

高峰入云，清流见底。两岸石壁，五色交辉。青林翠竹，四时俱备。晓雾将歇，猿鸟乱鸣；夕日欲颓，沉鳞竞跃。实是欲界之仙都。自康乐以来，未复有能与其奇者。

（生齐读）

师：嗯，好听！我觉得还要陶醉一点儿。“实是欲界之仙都”这一句后停一下，再读“自康乐以来，未复有能与其奇者”。好，再来试一下。“高峰入云”，读——

（生齐读）

师：啊，我也陶醉在你们的朗读声中了。最后一句话也要读好，要读出赞叹的味道。“自康乐以来，未复 / 有能与其奇者”，要表现出很自信、欣慰的样子。好，一起来读全篇文章——

（生齐读全文）

点评：几次朗读，各有侧重，层层递进，形式活泼。“实是欲界之仙都”这一句的朗读更是达到高潮，让学生体会到作者不可遏制的情感。

师：下面大家自由背诵，开始吧。

（生自由背诵几分钟）

师：好，下面大家一起来背诵，朗诵式的背读。要体现我们训练的成果，来不得半点儿马虎。“山川之美”，读——

（生齐读全文）

师：送给大家两个字——表扬（众笑）。现在读的活动告一段落。

点评：理解、朗读、背诵三部曲，紧扣“文言”特点，务实、高效。

三、佳句赏评

师：下面就是安静地写，这是很艰难的写作任务。我们来学习如何进行文言文的佳句赏评。

屏幕显示

学习如何进行佳句赏评。

师：如何写佳句赏评？我来告诉大家。

屏幕显示

佳句赏评，一般用两个层次的语言进行表述。第一层，对句子所描绘的内容进行再描绘；第二层，评赞这个句子写出了什么，其字、句、手法好在哪里。

师：佳句赏评，一般用两个层次的语言进行表述。第一层，对句子所描绘的内容进行再描绘，“再描绘”，就是加深理解，并进行比较细腻的描绘。第二层，评赞这个句子写出了什么，其字、句、手法好在哪里。

师：看例子——

屏幕显示

“高峰入云，清流见底”

在这里，巍峨的山峰耸入云端，明净的溪流清澈见底。仰视，云山一体；俯瞰，河水清碧。“峰”，写出了山的雄奇峻峭；“入云”，写山高入天际。“清流见底”，写出了水流轻缓，清明澄澈。峰高水清，相映成趣。

师：“高峰入云，清流见底”，这是佳句。“在这里，巍峨的山峰耸入云端，明净的溪流清澈见底。仰视，云山一体；俯瞰，河水清碧。”这是第一层。“‘峰’，写出了山的雄奇峻峭；‘入云’，写山高入云际。‘清流见底’写出了水流轻缓，清明澄澈。峰高水清，相映成趣。”这是第二层。你们可以写得更简单。

请从另外几个句子中任选一句进行佳句赏评。写作的时间为五分钟。开始吧。

点评：从“朗读”到“赏析”，学生的学习更上一层楼。对教学难点，老师要求明确，示范详细。

（生安静地写五分钟）

师：时间过去快六分钟了。当你们写作的时候，我是大气都不敢出啊。下面开始交流，展示你的学习成果。

生1：我选择的句子是“夕日欲颓，沉鳞竞跃”。第一层，太阳快要落山了，浮游在水中的鱼儿争相跳出水面，这是俯视水中；而太阳快落山了，这是仰视天空。第二层，我觉得“欲”这个词用得好，意思是快要落山又还没有落山，写出了太阳的恋恋不舍；“竞”是争先恐后的意思，生动形象地写出了鱼儿活跃的状态，表现了作者对大自然的喜爱。

师：多有诗意啊！“夕日欲颓”中的“欲”字用得好，太阳快要落山了，对美好的山川是那样的依依不舍。鱼儿争相跃出水面，好像在观赏太阳怎样回家。

生2：我欣赏的也是这一句。夕阳快要落山了，水里的鱼儿争相跳出水面。“欲颓”是静态描写，“竞跃”写出了鱼儿跃出水面的动态美。这样动静结合，描绘了一幅美好的画面。

师：嗯，“夕日欲颓”在上，“沉鳞竞跃”在下，相映成趣。

生3：我欣赏的是“两岸石壁，五色交辉”。夕阳西下，两岸青山相对而出，石壁五彩斑斓，交相辉映，动静结合，描绘了一幅和谐而优美的画面，表达了诗人悠闲的心情。

师：嗯，好口才。我认为你的品析还要稍做修正，“两岸石壁，五色交辉”，可能写的不是“夕日欲颓”的景色。

生4：我欣赏的是“晓雾将歇，猿鸟乱鸣”。清晨的云雾缭绕在山间，猿鸣鸟叫此起彼伏，回荡在山谷。“晓”字点明了时间是在早晨，“将歇”二字的舒缓与“乱鸣”的急促相对应，写出了山川的奇妙之美，表达了作者对山川的喜爱之情。

师：好，这一句同样描绘了画面之美，写出了动静之美。还有一处没有品到，“青林翠竹，四时俱备”。

生5：这句写的是一片青翠的竹林，四季常青。

师：好。“青”和“翠”，都是写色彩的。“四时俱备”，好像没有写什么，其实写的是气候温暖，四季常青。

点评：全体动笔，静思默想，美妙的思绪在笔尖汩汩流淌。师生交流，平等对话；老师点评，或解说，或纠偏，或补充，或评赞鼓励，或优化深化，角度丰富，姿态各异。

师：我们一起来欣赏老师给大家准备的内容。希望老师准备的内容和大家写的内容也是相映成趣的。

我读佳句，大家读赏析。“高峰入云，清流见底”，读——

屏幕显示

“高峰入云，清流见底”

峻峭的山，直直耸立，有白云轻绕；俊美的水，清澈见底，有鱼儿嬉戏。作者在这里极力描写山之高，水之净。仅用八个字，就写出了仰视、俯察两种视角，写出了白云、高山、流水三重风物。用笔洗练，境界清新。

（生齐读）

师：注意这里的关键词“仰视、俯察”，其实就是仰视、俯视，两种视角；“白云、高山、流水”，不说“景物”而说“风物”；“用笔洗练”，就是语言简洁、准确、精致。请继续。“两岸石壁，五色交辉”，读——

屏幕显示

“两岸石壁，五色交辉”

那河流两岸的陡峭石壁上，更是呈现五彩斑斓的颜色，像一幅幅天作的壁画，熠熠生辉。此句大笔勾勒，写形写色。不仅写出两岸山岩的陡峭，还描绘出它美丽的色彩，呈现出一片绚烂辉煌的气象。

（生齐读）

师：我们有一位同学说，“两岸石壁”是静态的，“五色交辉”呈现出动态美。因此，从另外一个角度来评析，同样可以说这句是动静结合。这句话重在写色彩，“交辉”一词用得好。“青林翠竹，四时俱备”，读——

屏幕显示

“青林翠竹，四时俱备”

青翠的丛林，碧绿的修竹，四季常青，生机盎然。这里变化观察点，概括描写葱郁的山林。明写林木之茂盛，暗写气候之和暖。

（生齐读）

师：由写山写水，笔锋一转，开始写林木。作者取材选材很高妙，思路很精致。下面变化视角，开始写动物。“晓雾将歇，猿鸟乱鸣”，读——

屏幕显示

“晓雾将歇，猿鸟乱鸣”

旭日东升，晓雾散尽，山林中走兽飞禽喧闹了起来，灵猿丽鸟啼鸣之声此起彼伏。这里写清晨之美。“鸣”字用得好，用声音来衬托清晨的寂静；“乱”字用得好，形容动物的喧闹与欢腾。“猿鸟乱鸣”写出了山山水水的生机勃勃。

（学生齐读）

师：一个“乱”字就写出了声音此起彼伏。在清幽的早晨，有猿鸟的乱鸣，是多么美好的意境啊。写了山上的动物，接下来就该写水中的鱼儿了。“夕日欲颓，沉鳞竞跃”，读——

屏幕显示

“夕日欲颓，沉鳞竞跃”

太阳落山，余晖一片，清波中鱼儿竞相跃出水面，激起阵阵涟漪，荡漾到远远的岸边。这里写傍晚之美。“沉鳞”实际上是写水，呼应“清流”。“竞跃”用得好，写出了画面的灵动感，传达了美好的生命气息。

（生齐读）

师：我们初中生从八年级开始就要会佳句赏评，这是一种必备的欣赏能力。尽管好多同学一时不能达到很好的水平，但尝试一下是很有必要的。现在我们都知道了，佳句赏评就是对原句的再表达，加上对表达效果的欣赏。

点评：师生赏评相映成趣。老师的佳句赏评，既是对学生的引导，又是对本次学习活动的美妙收束。

四、收束教学

师：这节课我们把课文读得美美的，把课文的文句欣赏得美美的，我们沉浸在美的氛围中，进行了一趟美好的旅程。现在我们下课!

点评：结课戛然而止，不事雕琢，平实自然。

课例赏析

一节 45 分钟的课，于师生而言，就是一趟美好的旅程。

《答谢中书书》这处“风景名胜”，有太多值得欣赏的“景点”，但时间有限，如何才能让“游客”不是走马观花，而是把美景看在眼里，印在脑中，悟在心里？余老师这位高明的“导游”给了我们诸多启示——

“背景材料”做了巧妙的铺垫，撩拨了学生“游览”的欲望。

“课文简说”为学生展开了一幅游览示意图，学生对需要游览的景点了然于胸。

“补充注释”这项热身活动，为学生扫除了旅途中的文言词句障碍。

“课文美读”是师生攀越的第一座小山。学生几次朗读，小步轻迈，拾级而上，在余老师的引领下领略了“横看成岭侧成峰，远近高低各不同”的境界。站在高处，师生尽情吟诵“实是欲界之仙都”，自信、豪迈之情油然而生!

“佳句赏评”犹如山中寻宝，余老师随意指点一处，通过远观近察、仰视俯瞰、品味玩味，教给学生寻宝、鉴宝的秘诀。于是，学生如脱笼之鹄，或登顶望峰，或涉水嬉戏；或静观石壁，或沐浴光辉；时而徜徉林间，领略茂林修竹之美；时而闲坐庭前，欣赏鸟鸣鱼跃之景。边走边玩，边玩边赏，不知不觉就到达了顶峰。于是，师生迫不及待地展示交流、互相赏玩自己拾得的宝藏。于是，师生就在这美妙的氛围中，满载而归！

文言趣教，短文深教，读品结合，收获满满，这就是余老师的高效文言文教学带给我们的启示。

13.《记承天寺夜游》课堂教学实录及点评

时间：2014年10月23日
地点：山东省青岛经济技术开发区实验初级中学
点评：李薇

课例导读

识黄州闲人，品月下禅韵，《记承天寺夜游》言短而意蕴丰富，整节课以文言短文的基本学法——读背、品析展开。背景铺垫从林语堂对苏轼的评价切入，直入课堂教学情境；深情背读，入文入境，悟情悟理；手法讲析，涵泳品味，共赏佳句。余老师有意识地在积累、感悟和运用中，提高学生的欣赏品位和审美情趣。仔细品读教学实录，眼前似有潺潺流水淌过卵石，弹出一支清新的曲调，给人以美的享受。

一、背景介绍

师：这节课我们阅读、欣赏千古名文——苏轼的《记承天寺夜游》。先让我们一起来了解苏轼，读。

屏幕显示

一起来了解——苏轼（1037—1101），北宋著名文学家、书画家，唐宋八大家之一。字子瞻，号东坡居士，四川眉山人。

（生齐读）

师：这是作者基本情况的介绍，其实有四个字特别值得我们关注，那就是“东坡居士”。这个号与苏东坡流放的经历有关，他被贬到湖北黄州，由于生活艰困，他就在他劳动的那个地方自己耕种、生活，那个地方叫“东坡”，于是他就有了这个诗意的名号“东坡居士”。好，继续读。

屏幕显示

元丰二年（1079）年，苏轼因“乌台诗案”获罪入狱，随后被流放至湖北黄州。

（生齐读）

师：“乌台诗案”，就是朝廷里面一些对苏轼抱有成见的官员，从他的诗文里面摘取了一些句子，说他诽谤皇上，于是苏轼被抓入狱，差一点儿被杀掉，最后被流放黄州。我们再来了解一下林语堂先生在《苏东坡传》里对苏东坡在黄州时文学创作的评价。

屏幕显示

（在黄州）他给天下写出了四篇他笔下最精的作品。一首词《赤壁怀古》，两篇月夜泛舟的前、后《赤壁赋》，一篇《记承天寺夜游》。单以能写出这些绝世妙文，仇家因羡生妒，把他关入监狱也不无道理。

（生齐读）

师：林语堂评价《记承天寺夜游》《赤壁怀古》《赤壁赋》都是绝世妙文。这些内容我们在初中、高中都会学习到。“单以能写出这些绝世妙文，仇家因羡生妒，把他关入监狱也不无道理。”这是一种很诙谐的说法，表现的是苏轼文学作品的伟大。

点评：生平际遇，卓越成就，资料厚实，精心助读。幽默解说，直入重点，奠定基调，铺垫蓄势。

二、深情读背

师：老师给你们增加了一点儿注释，我读一读，你们把它们记录在讲义上。“解衣欲睡”中的“解”，指“脱下，解开”。“月色入户”中的“户”，指的是门，我们不妨理解得宽泛一点儿，这里指门窗、居室。“遂”，指“于是，就”。“遂至承天寺寻张怀民”，于是就去承天寺找张怀民。“盖竹柏影也”，“盖”，语气词，可理解为“原来是”，原来是竹柏的影子啊。“交横”，指“横斜交错”。“相与”，“一起”的意思。“相与步于中庭”，一同漫步于庭院中。

屏幕显示

解：脱下，解开。

户：门，这里指门窗、居室。

遂：于是，就。

盖：句首语气词，可译为“原来是”。

交横：横斜交错。

相与步于中庭：一同漫步于庭院中。

师：下面大家一起来朗读，“记承天寺夜游”，读。

屏幕显示

一起来朗读——读出一点儿文言文的味道。

（生齐读全文，语速稍快）

师：我们首先要把语速调整好，“记承天寺夜游”，大家看这个“记”字，就是叙说。朗读时要读出叙说的味道。“元丰六年十月十二日夜，解衣欲睡，月色入户，欣然起行”，要用中速朗读，而且要给人身临其境的感觉。再来一次，“记承天寺夜游”，读——

（生齐读全文，语速降下来了）

师：嗯，好，让我们来美美地读吧。首先要读出文言文的味道，我们把这样几个字的读音拖长一点儿，味道就会出来，而且情感也会渗透进去。第一个字是“念无与为乐者，遂至承天寺寻张怀民”中的“念”。第二个字是“盖竹柏影也”中的“盖”，有点儿感叹的味道。第三个字是“但少闲人如吾两人者耳”中的“但”，表现出一点儿遗憾的味道。大家听我读。（范读）像这样把“念”“盖”“但”三个字的读音拖长，一起来，“元丰六年”，读——

（生齐读全文，朗读有一点点儿进步，语速略快）

师：嗯，进步不明显，尤其是“但”字读得不够好。“元丰六年”，读——

（生齐读全文，语速降下来了）

师：嗯，这一遍有了比较大的变化。不足之处仍然是语速快，这个习惯不好，我们朗读时要进入情境，不是读所有的文章都像跑马一样地往前赶。好，再来训练，读出一点儿夜游的兴致，也就是读出一点儿愉悦的心情。

屏幕显示

一起来朗读——读出一点儿夜游的兴致。

师：表现作者心情的词应该读重音，“解衣欲睡，月色入户，欣然／起行”，你们来学一下，把语速降下来。“解衣欲睡”，读——

生：解衣欲睡，月色入户，欣然起行。

（生深情地读，语速降下来了）

师：嗯，还要夸张一点儿。“欣然／起行”，读——

生：欣然／起行。

师：这就好了，不要那么矜持，不要那么秀气。现在我们来体味一下，看文章，还有一个字要读出快乐的味道。一个孤寂的人，一个被贬谪的官，在寂寞时去找朋友玩一玩，他见到了张怀民，于是两人就一起散步，这个过程中哪个字能够表现他一瞬间的喜悦呢？

生：我觉得是“怀民亦未寝”中的“亦”。

师：请分析。

生：我觉得他想去找张怀民，然后他发现张怀民没有睡，所以他就很高兴。

师：一个孤寂的人和另外一个孤寂的人相见了，所以大家都快乐。好，你们把句中的快乐读出来。“怀民……”，读——

生：（齐读）怀民亦未寝。

师：一点儿都不高兴的样子，再来，“亦”读重音，表现出欣喜、高兴。“怀民……”读——

生：（齐读）怀民亦未寝。

师：语气没有很好地表达出来。“怀民／亦／未寝”，读——

生：怀民／亦／未寝。

师：这才叫高兴呢！好吧，我们一起读出一点儿夜游的兴致。“月色入户”带来的是一种喜悦，然后就有了“欣然起行”。“念”字体现了情绪的回落。找谁去玩呢？“遂至承天寺寻张怀民”，“怀民亦未寝”！于是他很高兴。好，一起来，“元丰六年”，读——

（生深情地读全文）

师：真好啊，是听课老师们的笑声给了你们力量吧！继续进行朗读训练，读出一点儿复杂的情愫。

屏幕显示

一起来朗读——读出一点儿复杂的情愫。

师：一个很想有作为的人，一个热爱朝廷的人，一个想为老百姓多做一些事的人，居然被贬到这样一个荒凉的地方，虽然月色明朗，但是他可能会突然感到寂寞或失意，于是又感慨地问道，“何夜无月？何处无竹柏？但少闲人如吾两人者耳”。好，先把这句试读一下。“何夜无月”，读——

生：（齐读）何夜无月？何处无竹柏？但少闲人如吾两人者耳。

师：嗯，很好，还要深沉一点儿。

（生再读）

师：好，一起来，把这几次训练的结果都体现出来。“记承天寺夜游”，苏轼，读——

（生再次深情地读全文）

师：好听，真正有进步了。这篇小品文，我们基本上了解其意思了。一起来读读吧，“元丰六年”，读——

屏幕显示

元丰六年十月十二日夜晚，我脱了衣服，打算睡觉，这时月光照进门里，我高兴地起来走到户外。想到没有人与我同乐，就到承天寺去找张怀民。怀民也还没有睡，我们就一起在庭院中散步。庭院地面如水一般清明澄澈，水中藻、荇纵横交织，原来是竹子和松柏的影子。哪一夜没有月光？哪里没有竹子和松柏？只是缺少像我们两个这样的闲人罢了。

（生齐读）

师：“闲人”两字非常有意味！好，让我们一起来读背吧，每位同学先自读自背课文。

屏幕显示

一起来读背

（生自背课文）

点评：朗读指导，细腻有效；理解领悟，水乳交融；有情有味，不急不缓；锤炼细节，渐入佳境。

三、手法讲析

师：很高兴看到大家全神贯注地背诵。下面你们背一遍，我就告诉你们一点儿知识。开始背，依然用朗诵的语气、语调。“元丰六年”，背。

（学生齐背）

屏幕显示

记承天寺夜游

/苏轼/

元丰六年十月十二日夜，解衣欲睡，月色入户，欣然起行。念无与为乐者，遂至承天寺寻张怀民。怀民亦未寝，相与步于中庭。庭下如积水空明，水中藻、荇交横，盖竹柏影也。

（叙事）

何夜无月？何处无竹柏？但少闲人如吾两人者耳。

（抒情）

（课文变形为两段）

师：我来告诉你们一点儿知识吧。这篇文章的结构多美啊，叙事和抒情相结合。第一层是叙事，第二层是抒情。做好旁批后，再背诵一遍，然后我再告诉你们一点儿知识。“元丰六年”，背。

（生再次齐背）

屏幕显示

记承天寺夜游

/苏轼/

元丰六年十月十二日夜，解衣欲睡，月色入户，欣然起行。念无与为乐者，遂至承天寺寻张怀民。怀民亦未寝，相与步于中庭。

（记叙）

庭下如积水空明，水中藻、荇交横，盖竹柏影也。

（描写）

何夜无月？何处无竹柏？但少闲人如吾两人者耳。

（抒情）

（课文变形为三段）

师：它那美妙的结构又发生了变化——记叙、描写、抒情。结构是如此的灵动而又缜密。还要辛苦大家一次，背吧。

（生第三次齐背）

师：嗯，好，大家观察一下，记叙的部分分为两层，这边同学读一层，那边同学读一层。“元丰六年”，读。

生：元丰六年十月十二日夜，解衣欲睡，月色入户，欣然起行。

生：念无与为乐者，遂至承天寺寻张怀民。怀民亦未寝，相与步于中庭。

屏幕显示

记承天寺夜游

/ 苏轼 /

元丰六年十月十二日夜，解衣欲睡，月色入户，欣然起行。

（起）

念无与为乐者，遂至承天寺寻张怀民。怀民亦未寝，相与步于中庭。

（承）

庭下如积水空明，水中藻、荇交横，盖竹柏影也。

（转）

何夜无月？何处无竹柏？但少闲人如吾两人者耳。

（合）

（课文变形为四段）

师：古人写文章讲究“起、承、转、合”。“合”就是议论、抒情，点出文章的主旨。85 个字的文章结构如此神奇，里面蕴含着多少需要我们探求的知识啊。

点评：三次背读，积累丰富，动静结合，授之以渔。妙在“变形”，纲举目张，层次细腻，灵动活泼。

师：我们再做一件事情，一起来品味千古名句。“庭下如积水空明，水中藻、荇交横，盖竹柏影也”，这一句为什么好？

屏幕显示

一起来品味——“庭下如积水空明，水中藻、荇交横，盖竹柏影也。”

（生各自动笔批注）

生 1：我认为这段话写得很美。把月光比作积水，把竹柏的影子当作水中的藻、荇，隐隐约约的样子很美。

师：嗯，这是一个特写。最美妙的手法就是比喻，月光朗照，“如积水空明”。“空明”这两个字用得太传神了。“明”就是色彩，用“空”来修饰色彩，这是极具创意的表达，给人以优美的意境和感受。

生 2：我觉得作者借助对月光的描写创造了一个清幽宁静的艺术世界，也为下文做了一些铺垫，表达了作者的微妙心境。

师：说得多好啊。一切景语皆情语，写宁静，表示心情愉悦；写空明，体现作者的心胸，这个时候作者的心情是很开朗的。

生 3：我觉得作者用比喻的手法写出了月光的澄澈，也写出了竹柏影子的交错纵横，画面很美。

师：具有立体的美感，而且还有静和动的相互映衬。“积水空明”，静态描写，“藻、荇交织”，有一点儿动感，分析得好。

屏幕显示

比喻精美，静中寓动。

生 4：我觉得他用了一种比喻的手法，“水中藻、荇交横”，这句话写出了竹柏的影子映在地上参差交错的美感。

师：有“空明”的意境，也有色调的变化。在美好的画面中，景物是丰富的，不仅仅是“空明”呢。

屏幕显示

画面纯美，镜头清丽。

生 5：我认为“空明”写出了月光的清澈透明，从这一句可看出作者散步的时候非常悠闲，心情非常喜悦。

师：写出了恬静的、闲适的意境。“庭下如积水空明”这个美句运用了写月而不见“月”字的表现手法。请同学们批注在课文上。写“月”而不见“月”，写“风”而不见“风”，写“水”而没有“水”字，写“乐”没有“乐”字，正所谓“不着一字，尽得风流”。你们以后会学习《小石潭记》，其中有一个段落是写水清而不见水的。那水是多么的清啊，鱼在里面游，看得清清楚楚，连池底的鱼都看得非常清楚，但是那个段落就没有一个“水”字。好，老师把这句话给大家讲一下，请做笔记。“庭下如积水空明”这个句子，比喻精美，静中寓动；画面纯美，镜头清丽；一笔两写，状景达情。“一笔两写”这四个字很重要，这一笔既写了天上的月色，又写了庭院的幽静。其实，何止“两写”啊，它还体现了作者当时的心境。

屏幕显示

一笔两写，状景达情。

师：这句话起承上启下的作用。我们刚才分析了起承转合，这一笔就是转，承上启下，引发心声。

屏幕显示

承上启下，引发心声。

师：单就这一句，有很多人分析了它的美妙之处。下面是人教版教师教学用书中的一段话，我们一起来读一读吧。

屏幕显示

“积水空明”写月光的清澈透明，“藻、荇交横”写竹柏倒影的清丽淡雅。作者以高度凝练的笔墨，点染出一个空明澄澈、疏影摇曳、似真似幻的美妙境界。

（生齐读）

师：“空明澄澈、疏影摇曳、似真似幻的美妙境界”，这样的欣赏很有水平啊。正是因为这种大手笔，所以林语堂这样评价苏东坡：

屏幕显示

苏东坡这位天纵大才，所给予这个世界者多，而所取自这个世界者少，他不管身在何处，总是把稍纵即逝的诗的感受，赋予不朽的艺术形式，而使之长留人间。

（生齐读）

师：嗯，我们中小学教材甚至高中教材里面有不少苏东坡的作品，每一篇都受学生喜欢。

屏幕显示

课堂小结

文言短文的基本学法：读背，品析。

师：好，谢谢大家，把大家累坏了，下课。

生：老师再见。

点评：名句欣赏，集体动笔；写法渗透，讲析精妙；收放自如，张弛有度；自然得法，彰显睿智。

课例赏析

余老师把一篇85个字的小品文诠释得如此透彻、深刻，令人叹为观止。余老师的课堂教学不脱离文言文的教学常规“读、译、背、品”，却能教出新意，教出深意，真正实现了“短文细教，精致高效”的教学目的。

背景介绍亦庄亦谐。

余老师对背景知识的介绍，于常见处知深意，阐释“东坡居士”的由来；于难解处寓诙谐，借用林语堂先生的话——“单以能写出这些绝世妙文，仇家因羡生妒，把他关入监狱也不无道理”，解说苏轼被贬的缘由。这样的语言风趣幽默，引人入胜。这样的介绍既是内容助读，又是情境铺垫。

深情读背入情入境。

朗读教学充满情致。朗读指导精当、恰切。将“念”“盖”“但”三个字的读音拖长，读出文言的味道；揣摩“欣然起行”“怀民亦未寝”的妙用，读出夜游的兴致；联系背景，读出复杂的情愫。朗读重角度，有梯度，渐次推进，生动有效。由读通、读顺文章到身心融入课文宁静的氛围，将学生引入恬静、优美的诗情之中，让学生沉浸其中深深地体味。这样的指导既是方法渗透，又是情感熏陶。

手法讲析得体得法。

三次背读，三种变形，结构缜密，层次细腻，思绪灵动。在品味千古名句的过程中，余老师进行了精妙讲析，课堂点评更是精准到位。“比喻精美，静中寓动；画面纯美，镜头清丽；一笔两写，状景达情”，这样的总结既是规范表达，又是方法提炼。

余老师引用林语堂先生对苏东坡的评价为课作结，首尾呼应，结构严谨。

聆听余老师讲授苏东坡这位“天纵大才”的一篇短文，实乃幸事！

14.《生于忧患，死于安乐》课堂教学实录及点评

时间：2016 年 5 月 20 日

地点：新疆维吾尔自治区乌鲁木齐市第十九中学

评点：张占营

课例导读

《生于忧患，死于安乐》是中国古代散文的精品之一，为后人所称道和效仿。它行文有气势，逻辑推理缜密，蕴含丰富、深邃的哲理，以饱满的情感力量激荡我们的胸膺。听，余老师声清句稳，以“细”字统贯课堂。让我们与余老师一起细细地读经典，细细地品美文，轻轻地走近先哲孟子，领悟“生于忧患，死于安乐”的人生智慧吧。

一、直入课题

屏幕显示

《生于忧患，死于安乐》，出处：《孟子》。

师：同学们好！

生：老师好！

师：请坐。谢谢。这节课我们学习孟子的《生于忧患，死于安乐》，这是初三下学期的课文，我估计大家已经学过了，我们来温习一遍。

屏幕显示

细

师：请注意一个“细”字，这节课有许多事情需要大家做。

点评：开课洗练，自然亲切；点示课型，温习巩固；出示学法，“细”读习练。

二、常识积累

师：好吧，读起来。

屏幕显示

孟子（前372—前289），名轲，邹（今山东邹城）人。战国时期思想家、教育家。

师：孟子是中国儒家代表人物之一，是继孔子之后的圣人，被尊称为“亚圣”。

（生齐读）

屏幕显示

《孟子》，孟子及其门人所作，儒家经典之一。

（生齐读）

师：继续读。

屏幕显示

本文是《孟子》最著名的篇章之一，后人常引以为座右铭，它激励无数志士仁人在逆境中奋起。其思想基础是一种至高无上的英雄观念，一种崇高的献身精神。

（生齐读）

师：大家把“座右铭”批注在课文旁边。

（生做旁批）

师：孟子的言论以雄辩著名，他的文章、言论常常有高远的境界。名句“故天将降大任于是人也，必先苦其心志，劳其筋骨，饿其体肤，空乏其身，行拂乱其所为，所以动心忍性，曾益其所不能”就是激励人们在极端艰难、困苦的环境下，成为对社会有用的人。

屏幕显示

读背，听记，做作业

师：我们接下来要进行三项训练活动。第一项训练活动，读背；第二项训练活动，听记；第三项训练活动，做作业。

点评：积累常识，丰厚文化；内容概说，凸显主题；范读名句，熏陶情志；总说活动，读背写练。

三、读背活动

屏幕显示

读背，懂

师：读背的目的是弄懂文章的大意。“生于忧患，死于安乐”，读。

屏幕显示

生于忧患，死于安乐

舜发于畎亩之中，傅说举于版筑之间，胶鬲举于鱼盐之中，管夷吾举于士，孙叔敖举于海，百里奚举于市。故天将降大任于是人也，必先苦其心志，劳其筋骨，饿其体肤，空乏其身，行拂乱其所为，所以动心忍性，曾益其所不能。

人恒过，然后能改；困于心，衡于虑，而后作；征于色，发于声，而后喻。入则无法家拂士，出则无敌国外患者，国恒亡，然后知生于忧患而死于安乐也。

（生朗读课文）

师：把一些难字写一写。“畎亩”的“畎”，“胶鬲”的“鬲”，“孙叔敖”的“敖”，“百里奚”的“奚”。“行拂乱其所为”的“拂”，它还有另外一个读音“bì”（通假字）。根据课文原文，“曾益其所不能”的“曾”，默写时必须写这个“曾”字。

（生书写）

师：好的，开始落实训练，读起来。

屏幕显示

舜发于畎亩之中，傅说举于版筑之间，胶鬲举于鱼盐之中，管夷吾举于士，孙叔敖举于海，百里奚举于市。

发：起，指被任用。

畎亩：田间、田地。

举：任用、选拔，这里是被选拔的意思。

版筑：古人筑墙的时候在两块夹板中间放土，用杵（chǔ）捣土，使它坚实。筑，捣土用的杵。

鱼盐：贩卖鱼和盐。

士：狱官。

举于士：从狱官手里释放出来并得到任用。

海：海滨。

市：集市。

（生齐读）

师：注意“鱼盐”在这里相当于动词，“胶鬲举于鱼盐之中”，胶鬲以贩卖鱼和盐为生，他被人家推举出来担当大任。最难理解的就是“士”这个字，这里指“狱官”，管夷吾因为卷入政治斗争而被抓起来，然后，抓他的人又任用他，把他从狱官手里释放出来，让他做官。“发”和“举”的含义不同。这六个事例，用了五个“举”，为什么写舜用的是“发”呢？感觉到用词的讲究没有？舜是帝王，其他的人是贤臣，所以写舜用“发”，写其他人用“举”，这就是措辞的精妙。好，继续把故事读一读，这样才能知道孟子引用这些故事的美妙。“舜”，读。

屏幕显示

舜原在历山耕田，30岁时被尧起用，后来成了尧的继承人。

傅说原在傅岩为人筑墙，因以傅为姓，殷王武丁用他为相。

胶鬲起初贩卖鱼和盐。周文王把他推荐给纣（zhòu）王；后来他又辅佐周武王。

管夷吾原为齐国公子纠的臣，公子小白（齐桓公）和公子纠争夺君位，纠失败了，管仲作为罪人被押解回国，齐桓公知道他有才能，即用他为相。

孙叔敖，春秋时期楚国人，隐居海滨，楚庄王知道他有才能，用他为令尹（yǐn）。

百里奚，春秋时期虞（yú）国大夫。虞亡后被俘，由晋入秦，又逃到楚。后来秦穆公用五张羊皮把他赎回来，用为大夫。

（生齐读）

师：发现六个事例的排列规律没有？

（生思考）

生：按时间顺序。

师：舜是上古传说中的帝王，从上古一直写到春秋时代，这是一个规律；人物身份越写越低，又是一个规律。例如，百里奚是沦为奴隶后被人家赎出来的。这里表明各种人士都是在极端艰困的环境中脱颖而出的。

点评：读背训练，由面及点；强调音形，精讲难字；细读“发”“举”，措辞精妙；探寻规律，顺序美妙。

师：好，这是非常重要的一段话，读一读。

屏幕显示

故天将降大任于是人也，必先苦其心志，劳其筋骨，饿其体肤，空乏其身，行拂乱其所为，所以动心忍性，曾益其所不能。

苦：使……痛苦。

劳：使……劳累。

饿：使……受饥饿。饿其体肤：使他经受饥饿（之苦）。

空乏：财资缺乏；使……穷困缺乏，使……受到贫困（之苦）。

行：指每一行为，每一件事。

行拂乱其所为：使他做事不顺。拂，违背。乱，扰乱，使……错乱。

所以：用来。

动心忍性：使他的心惊动，使他的性格坚强起来。

曾益：增加。曾，通“增”。

（生齐读）

师：这段话有多处使动用法，还有通假字，富有警策力度。如果你按照现代汉语来解释“所以”的话，那就错了。“所以”是“用来”的意思，“以”是“用”的意思，“所以动心忍性”，所用来“动心忍性”的。还有通假字“曾”。这篇课文的注释十分丰富、细致，对大家的学习是非常有利的。现在我们一起来朗读“故天将降大任于是人也”，开始吧。

（生朗读）

师：再来读。注意“空”不能读成“kòng”。“行拂乱其所为”，“行”后要稍做停顿。“故天将降大任于是人也”，读。

（生再读）

师：“故天将降大任于是人也”，背！

（生背诵）

点评：细读注释，理解句意；关注语法，集中点示；突出精段，背诵名句；当堂读背，学习高效。

师：继续，读起来。

屏幕显示

人恒过，然后能改；困于心，衡于虑，而后作；征于色，发于声，而后喻。入则无法家拂士，出则无敌国外患者，国恒亡。

衡于虑：思虑堵塞。衡，通“横”，梗塞，不顺。

作：奋起，指有所作为。

征于色：憔悴枯槁表现在脸色上。

发于声：吟咏叹息之气发于声音。

而后喻：（看到他的脸色，听到他的声音）然后人们才了解他。

法家拂士：法家，守法度的大臣。拂士，辅佐君主的贤士。拂，通“弼”，辅佐。

敌国外患：指相抗衡的国家和外来的祸患。

（生齐读）

师：请大家把“征于色，发于声，而后喻”这个句子在书上圈下来，这是最难翻译的句子。根据课本（注：旧版）的注释，这个句子译为“脸色憔悴枯槁，时时发出吟咏叹息之声，人们才了解这个人”。这样翻译很难理解。我们可以从这个人的形容枯槁来想象他生活的艰苦，从他发出的声音来感受他的思考。这说明他也是在苦难的环境中奋斗的人物，只有这样，人们才了解他。

好，把最后一句读一读。“然后知”，读。

屏幕显示

然后知生于忧患而死于安乐也。

生于忧患：因有忧患而得以生存（忧愁患害能激励人奋发，使人能够生存）。

死于安乐：因沉迷安乐而衰亡（安逸享乐能使人死亡）。

（生齐读）

师：可以有不同的翻译，意思相近就可以了。好吧，这是重点的句子，这是论点句。我们再读一读。“然后知”，读。

（生再读）

点评：设计朗读，细分两层；释词译句，积累丰厚；细讲难句，突破难点；两读尾句，突出论点。

师：这么美妙的文字！我们要能很通顺地解析课文，大家一起来朗读。

屏幕显示

舜从田野中发迹，傅说从筑墙的泥水匠中高升，胶鬲自鱼盐贩中被举用，管夷吾从狱官手里获释而被录用为相，孙叔敖隐居海边，而后进了朝廷，百里奚从市井之间登上了相位。

所以，上天将要下达重大使命给这样的人，一定要先使他的内心痛苦，筋骨劳累，体肤饿瘦，身受贫困之苦，用种种行为去阻碍、干扰他的事业，（通过这些）来让他内心警觉，使他的性格坚定起来，以不断增长才干。

一个人常犯错误，然后才能改正；内心忧困，思绪阻塞，然后才能有所作为；（一个人的想法，只有）从脸色上显露出来，在吟咏叹息声中表现出来，然后才能为人们所了解。而如果一个国家内部没有坚持法度和辅佐君王的贤士，外部没有敌国外患，这个国家就往往会灭亡。

这样，人们才会明白，忧患可以使人谋求生存，而安乐必将导致灭亡。

（生齐读）

师：这样我们才能真正弄懂内容。

点评：朗读体味，精致细腻；读中理解，自然天成；译文诵读，富有情韵；由点及面，贯通文气。

四、听记活动

屏幕显示

听记，知

师：继续我们的训练——听记，知晓很多知识。拿起笔来，我讲，大家做好旁批。

屏幕显示

“舜发于畎亩之中，傅说举于版筑之间，胶鬲举于鱼盐之中，管夷吾举于士，孙叔敖举于海，百里奚举于市。”

开篇用例，正面用例，集中用例，排比用例。

师：注意这都是文学的语言。开篇用例，即起笔就用例子。正面用例，用的是人才的例子、奋斗的例子。在议论文中，一个例子一个例子接着用，叫作“集中用例”。从修辞手法来看，这是排比用例。这就是赏析。

（生听记）

屏幕显示

作者精选从上古到春秋漫长时间中经过严峻磨炼的圣君贤臣的典型事例，选材角度异常精美（农夫、苦役、小贩、囚徒、隐士、奴隶）。

师：“精选典型事例”，记这几个字就够了。在字行之间批注：“舜，农夫，从农田里面走出来的；傅说，苦役；胶鬲，小贩；管夷吾，囚徒；孙叔敖，隐士；百里奚，奴隶。”

（生听记）

师：我们现代人写议论文讲究使用古今中外的名人例子，孟子写文章在选例上堪称一绝，这就是用例的艺术。

屏幕显示

“故天将降大任于是人也，必先苦其心志，劳其筋骨，饿其体肤，空乏其身，行拂乱其所为，所以动心忍性，曾益其所不能。”

由叙到议，由例及理，归纳推理，高度概括，要点明晰。

师：“故天将降大任于是人也”，承接事例，由叙到议，由例及理。注意四个字“归纳推理”，这是由六个例子概括、提炼出来的道理。“故天将降大任于是人也”，天将降很大很大的责任于这些人身上，这就体现了“归纳推理”。这句话还具有这样的特点：高度概括，要点明晰。

（生听记）

屏幕显示

观点鲜明，语言精警——人才造就，必须先让他在意志、身体、生活、毅力等方面经受极其艰苦的磨炼。

师：它的写作特点可概括为八个字——观点鲜明，语言精警。“精”就是精粹；“警”就是有警策的作用。有什么警策作用呢？人才造就，必须先让他在意志、身体、生活、毅力等方面接受极其艰苦的磨炼。

（生听记）

师：注意逻辑层次，作者并没有说“必先劳其筋骨，饿其体肤，苦其心志”。由内心到外在，由意志到身体、生活、毅力等方面，这才是正确的逻辑顺序。

屏幕显示

“人恒过，然后能改；困于心，衡于虑，而后作；征于色，发于声，而后喻。入则无法家拂士，出则无敌国外患者，国恒亡。”

道理论证，由人及国，由正而反，层层深入。

对普通人从正面论述，对国家从反面论述，这是很高明的写法。

师：“人恒过，然后能改；困于心，衡于虑，而后作”，道理论证开始。然后由人及国，由正而反，层层深入。我们甚至很难理解孟子为什么会有如此缜密的思维和如此精练的语言。对普通人从正面论述，为什么对国家却从反面论述呢？因为这样更有警策的力量，而且由正而反，又表现了笔法的变化，这就是很高明的写法。

（生听记）

师：注意，事例论证、道理论证、正面论证、反面论证、集中用例、归纳推理，都是大家要知道的内容。

屏幕显示

“然后知生于忧患而死于安乐也。”

点出议论的中心、本文的论点。

师：“然后知生于忧患而死于安乐也”，点出了议论的中心、本文的论点。论点最后才提出来，这又是美妙的技法。

（生听记）

点评：听记活动，细讲细批。选例精美，归纳推理；多角说理，提出论点。深化思维，学有增量；文学赏析，境界高远。

师：请大家先读一读。“全文运用”，读。

屏幕显示

全文运用事例论证和事理论证的方法，由个别及一般，由个人及国家，由正面论述及反面论述，论证思路层层推进。

（生齐读）

师：注意，这句话难理解的是“由个别及一般”，就是由六个人的事例推论出“天将降大任于是人也，必先苦其心志，劳其筋骨……”这样的道理。

（生听记）

师：有了老师给你们讲的这些内容，无论怎么考分析，你们应该都能应对。（等待学生做好笔记）好吧，温习一遍，专门读老师讲的知识。“开篇用例”，读。

生：（齐读笔记要点）开篇用例，正面用例，集中用例，排比用例。

师：第二层——

生：（齐读）由叙到议，由例及理，归纳推理，高度概括，要点明晰。

师：第三层——

生：（齐读）道理论证，由人及国，由正而反，层层深入。

师：最后点出——

生：（齐读）点出议论的中心、本文的论点。

师：全文——

生：（齐读）全文运用事例论证和事理论证的方法，由个别及一般，由个人及国家，由正面论述及反面论述，论证思路层层推进。

屏幕显示

古人说：通体盘旋，为末二句蓄势，章法极奇。

师：这里还有一个很好的句子，大家记一下。古人说：“通体盘旋，为末二句蓄势，章法极奇。”“通体盘旋”，“盘旋”二字用得太妙了，不断地转折，不断地深化，“为末二句蓄势”，就是为文章最后的两个句子“入则无法家拂士，出则无敌国外患者，国恒亡”“然后知生于忧患而死于安乐也”蓄势，说来说去，都是为了引出最后的警世恒言。

（生听记）

师：好，谢谢大家，又是读背，又是笔记，很辛苦呀！

点评：由段到篇，提举章法；整合美点，理顺思路；引用典籍，濡养美感。集中听记，储知蓄理；从容推进，品位高雅。

五、课中习练

师：我们还要做一次作业。

屏幕显示

作业，练

师：这组练习题涵盖的面比较广，不仅仅关于本篇课文的内容，也涉及其他课文的内容。我们一题一题地来观察。

屏幕显示

1. 选出词的用法相同的一项（　　）

A. 于：困于心　　死于安乐也

B. 其：苦其心志　　以乐其志

C. 者：出则无敌国外患者　　肉食者谋之

D. 之：舜发于畎亩之中　　孔子云：“何陋之有？”

师：选出词的用法相同的一项。四个虚词：于、其、者、之。

（生思考）

生1：选B。

师：B项，两个“其”的用法是相同的，答对了。大家选对了吗？

生：（点头）也选 B。

师：好，继续第二题，选出词义相同的一项。

屏幕显示

2. 选出词义相同的一项（　　）

A. 将：故天将降大任于是人也　　上使外将兵

B. 间：傅说举于版筑之间　　毛羽鳞鬣之间皆有喜气

C. 敌：出则无敌国外患　　恐前后受其敌

D. 发：征于色，发于声　　野芳发而幽香

（生思考）

生 2：选 B。

师：又是 B。这一题的干扰项弱一点儿。B 项的两句话有共同的结构“……之间”，所以迅速就能判断出来。

屏幕显示

3. 选出解释准确的一项（　　）

A. 行拂乱其所为：他所做的事颠倒错乱。

B. 所以动心忍性：因此他的心惊动并坚定起来。

C. 入则无法家拂士：国内如果没有法度，就没有足以辅佐君主的贤士。

D. 生于忧患，死于安乐：忧患使人生存发展，享受安乐使人萎靡死亡。

师：这道题有点儿难。选出解释准确的一项。

（生思考）

生 3：选 D。

师：请分析。

生：A 项的解释没有使动用法，B 项对“所以”的理解不准确，C 项

理解、翻译有误。

师：对！这一题的迷惑性太强了。你们很聪明！

屏幕显示

4. 选出分析不准确的一项（　　）

A. 全文论说的中心是“生于忧患，死于安乐”。

B. 第二段论说人要有所作为，就必须先经受多方面的艰难困苦的磨砺。

C. 第三段从正反两方面进行论证。

D. 全文主要采用了做比较、讲道理的说理方法。

师：第四题，选出分析不准确的一项。这道题的迷惑性也很大。

生 4：文章中举了很多正面、反面的事例，没有做比较。

师：对呀！这个“做比较”很容易迷惑人。D 项不准确，只说对了一半。大家觉得这样的试题有意思吗？

生：有意思！

师：谢谢大家。

生：谢谢余老师。

师：下课！

点评：智能训练，引发思考；习点精粹，助学助读；学以致用，富有力度。

课例赏析

这是一节阅读指导细腻、学生活动充分、课堂积累丰富的文言文阅读课。它课型明确，板块清晰，设计精细，容量丰厚，品位高雅。

曾国藩说：“想得古人之气，不得不求之于声；求之于声，即不能不朗诵。”在余老师的这节课中，第一项训练活动就是“读背训练”。读课文，读注释，读中感受，读中理解。融词语积累、内容理解、情感熏陶于读背训练中，读评结合，圆润自然，怡情养性，情韵兼美。

接着，由“读背活动”转入“听记活动”。由读背到听记，精讲难句，呈现教学节奏之美；由分层细赏到全篇融合，精讲布局，呈现逻辑思维之美；由文意理解到章法分析，鞭辟入里，呈现境界高远之美……

余老师说：“阅读训练，要追求集体训练和无提问式教学。”余老师的这节课，真切地体现了他孜孜践行的教学理念。他不设计零碎的提问，就是通过读背、听记、做作业等一系列活动推进语言学用、技能培养、知识积累，让学习真正发生在学生身上；他强调阅读训练的力度，深度引领学生多读、多析、多写，时时关注能力训练，促进学生思维的发展和提升；他十分注重面向全体，注重集体训练，引导班上的学子齐声朗读，一起做笔记，沉静思考，共享学习时间。

这节课犹如一件浑然圆融、精细巧妙的艺术品，既有沉雄浩荡之气势，又有精致隽永之情韵，带给一线教师以智慧和启迪。

15.《五柳先生传》课堂教学实录及点评

时间：2015 年 4 月 14 日

地点：重庆市第七中学校

点评：张慧莲

课例导读

《五柳先生传》是东晋著名诗人、散文家陶渊明托名五柳先生而写的一篇自传。这篇文章内容丰富而精致，诗意而率真。作者巧妙运用了典故，表达了他这样一位有着美好理想的隐士，对淳朴风尚的向往之情，揭示了他“闲静少言，不慕荣利”的性格，笔法巧妙，神韵悠然。作者饮酒赋诗著文章，清高洒脱、怡然自得、安贫乐道，自有不可多得的乐趣。让我们跟随余老师的教学品味人物特征，学习写作之妙，感受传记美点。

一、导入，介绍背景

师：这节课我们一起学习陶渊明的《五柳先生传》。我们先要了解一下背景材料。

屏幕显示

陶渊明（365—427），名潜，字元亮，自称五柳先生，浔阳柴桑（今江西九江）人，东晋著名诗人、散文家。

（生齐读）

师：这个简介里有姓、名、字，名和字是不相同的。另外，文人们还喜欢给自己起“号”，这是一种个性的体现。现在大家喜欢用网名，大概就是这个意思。这篇课文一开始就讲到了“不详其姓字”。

屏幕显示

陶渊明 29 岁时入仕，由于济世的抱负无法施展，于 41 岁时辞官，从此过着躬耕隐居的生活。

（生齐读）

师：“躬耕”就是亲自耕作的意思，著名故事“不为五斗米折腰”就是他辞官归隐的起点。

屏幕显示

陶渊明开创了田园诗派，在诗歌创作上独树一帜。他也被称为“隐逸诗人”“田园诗人”。

（生齐读）

师：他是田园诗派的开创者，他的田园诗、隐逸诗影响深远。

屏幕显示

陶渊明弃官归隐后陆续写成的《饮酒》组诗是五言古诗，咏怀诗；为酒后即兴之作，大多直抒胸臆，挥洒真情。

（生齐读）

师：我们已经学过他的《饮酒（其五）》。还能背出来吗？“结庐在人境，而无车马喧。问君何能尔？心远地自偏。采菊东篱下，悠然见南山。山气日夕佳，飞鸟相与还。此中有真意，欲辨已忘言。”

屏幕显示

陶渊明较晚时期写的千古名文《桃花源记》，用清新、优美的文笔，描绘了一个美好的世外仙界。

“晋太元中……土地平旷，屋舍俨然，有良田美池桑竹之属。阡陌交通，鸡犬相闻。其中往来种作，男女衣着，悉如外人。黄发垂髫，并怡然自乐。”

（生齐读）

师：我们评价陶渊明的诗文，最恰切的一个短语是“别具一格”。

屏幕显示

陶渊明博学多才，好饮酒而长于诗文。《五柳先生传》真实地表现了他清高洒脱、怡然自得、安贫乐道的隐士形象。

“闲静少言，不慕荣利。好读书，不求甚解；每有会意，便欣然忘食。性嗜酒，家贫不能常得。亲旧知其如此，或置酒而招之；造饮辄尽，期在必醉……常著文章自娱，颇示己志。忘怀得失，以此自终。”

（生齐读）

师：用比较“俗”的词语来评价就是“性情中人”，用比较“雅”的词语来评价就是“清高洒脱”。请把“清高洒脱”“怡然自得”“安贫乐道”三个短语批在书本上。这是解读《五柳先生传》的一把钥匙。

点评：用厚实的资料介绍人物、解读传记。

二、初读，疏通文意

屏幕显示

“数字”趣学法

师：这是一篇自读课文，这节课的学习方法是“数字”趣学法，大家可以按“一二三四五”的步骤来读课文。很多事情需要大家自己去做。一起来读。

（生齐读全文）

屏幕显示

五柳先生传

/陶渊明/

先生不知何许人也，亦不详其姓字，宅边有五柳树，因以为号焉。闲静少言，不慕荣利。好读书，不求甚解；每有会意，便欣然忘食。性嗜酒，家贫不能常得。亲旧知其如此，或置酒而招之；造饮辄尽，期在必醉。既醉而退，曾不吝情去留。环堵萧然，不蔽风日；短褐穿结，箪瓢屡空，晏如也。常著文章自娱，颇示己志。忘怀得失，以此自终。

赞曰：黔娄之妻有言："不戚戚于贫贱，不汲汲于富贵。"其言兹若人之俦乎？衔觞赋诗，以乐其志。无怀氏之民欤？葛天氏之民欤？

师：读得好。我们来感受其中的"一"，大家做笔记。我先讲，后面的"二""三""四"要同学们来讲。

屏幕显示

这是中国文学史上第一篇别具一格的人物自传。作者托名五柳先生，着重表现了自己的性格、志趣与精神气质。

师："中国文学史上第一篇别具一格的人物自传"，这是文学常识。作者托名五柳先生，带有浪漫主义情调，在陶渊明之前，还没有人这样做过。这篇文章着重表现了作者的性格、志趣与精神气质。因为托名五柳先生，似乎在写五柳先生，又似乎在写作者自己，所以有人说这篇文章有实有虚。

继续读。刚才字句读得很准确，接下来要注意层次。比如，"先生不知何许人也，亦不详其姓字”，这是一层，“宅边有五柳树，因以为号焉”，是全文的总起。这些加起来是一个大的层次。第二层是“闲静少言，不慕荣利。好读书，不求甚解；每有会意，便欣然忘食”。“性嗜酒，家贫不能常得。亲旧知其如此，或置酒而招之；造饮辄尽，期在必醉。既醉而退，曾不吝情去留”，又是一层。这个“曾”字读音为 céng，课文没有特别标示，人们对这个字的读音有些争议。下面请同学们自己读，体味每一层的意思，开始吧！

（生自读课文，理解文意）

师：老师帮大家把最难理解的词语整理出来了，一起来读。

屏幕显示

字：古代男子另立别名称“字”。

号：名与字之外的别称。

嗜：喜好。

造饮辄尽：去喝酒就喝个尽兴。造，往，到。辄，就。

既：已经。

萧然：空寂的样子。

短褐穿结：粗布短衣上打了补丁。短褐，粗麻布短衣。穿结，指衣服上有洞和补丁。

箪瓢屡空：形容贫困，难以吃饱。箪，盛饭的圆形竹器。瓢，饮水用具。

晏如：安然自若的样子。

赞：传记结尾的评论性文字。

其言兹若人之俦乎：这话大概说的是五柳先生一类的人吧？其言，他所说的话。兹，这。若人，此人，指五柳先生。俦(chóu)，辈，同类。

衔觞赋诗：一边喝酒一边作诗。觞，酒杯。

欤：表疑问，相当于“吗”。

（生齐读）

师：“造”是“到、往”的意思，现在还说“造访”；“既”是“已经”的意思，在文言文里面常用；“箪”，七年级的时候我们在《论语》里面学过“一箪食”，它指“装饭的小竹篮”，；“晏如”，现在没有这个词语，意为“安然自若的样子”；“赞”是传记结尾的评论性文字，陶渊明把《史记》里面的那种手法用在了这里；最难懂的是“其言兹若人之俦乎”，我觉得“这句话”“这个人”之间可以加一个动词“赞许”，“这句话赞许的就是五柳先生这类人”。“衔觞赋诗”，很雅致，一边喝酒一边写诗，多浪漫、多陶醉！把词语解释再读一遍吧！

（生齐读词语解释）

点评：明确写法，积累词汇，整体感知。

三、再读，把握重点

师：这篇散文看起来很直白、很平易，但细究起来还是有很多字要我们落实的。就人物的性格特征来说，有两个短语非常重要。你们发现了没有？一起说。

生：（齐）闲静少言，不慕荣利。

师：把它们放在前面写，有强化的作用，可以看出其重要性。“闲静少言”写出了人的外在性格；“不慕荣利”写出了人的内在性格。这两个短语全面地概括了作者的性情。

屏幕显示

两个短语：“闲静少言，不慕荣利。”它们点出了五柳先生最本质的性情，分别写了其外在与内在的性格特点。

（生齐读并做笔记）

屏幕显示

两个层次：传与赞。“赞”是历史传记的一种体式，缀于传文之末；“赞”进一步揭示了五柳先生的精神境界。

（生齐读）

师：我们读的时候要知道他表达的角度。我还要给大家讲两个层次，“传”和“赞”，“传”是主体，“赞”是评论，相当于“叙”和“议”，可以说叙议结合是这篇文章的结构特点。

继续读，读出自我欣赏的味道。大声地读原文，体会一下。

（生齐读）

师：好，我们再一起读读译文吧。

屏幕显示

《五柳先生传》译文

这位先生不知道是什么地方人，也弄不清他的姓字。他的住宅旁边有五棵柳树，因此就用“五柳”作为其别号。他安闲沉静，不好言谈，也不羡慕荣华利禄。他喜欢读书，但不执着于对一字一句的琐细理解；每当读书有所领悟的时候，就会高兴得忘了吃饭。他生性嗜好喝酒，但因为家贫不能经常得到酒。亲朋好友知道他这种境况，有时备酒招待他。他前去饮酒时总是很尽兴，大醉方休；醉后就向主人告辞，从不以去留为意。他的住室四壁空空荡荡，破旧得连风和阳光都无法遮挡，他穿的粗布短衣打满了补丁，饮食简陋而且经常短缺，而他却能安然自得。他经常写文章来消遣时光，比较充分地抒发自己的志趣。他从不把得失放在心上，只愿这样度过自己的一生。

赞曰：黔娄的妻子曾经说过：“不为贫贱而忧心忡忡，不热衷于发财做官。”这话是赞美五柳先生也是这一类人吧？一边喝酒一边吟诗，为自己抱定的志向而感到无比快乐。他大概是无怀氏时候的百姓，或者是葛天氏统治下的百姓吧？

（生齐读）

点评：紧扣主旨，读懂文意，理清层次，学习写法。

四、品读，分析人物

师：请同学们概括陶渊明的三种志趣，相信同学们很快能够概括出来。

生：读书，饮酒，著文章。

屏幕显示

三种志趣显现性格。五柳先生的三种志趣：读书，饮酒，著文。

师：五柳先生有三种志趣，志趣之一“好读书”，志趣之二“性嗜酒”，志趣之三“常著文章自娱”，我们将其概括为“读书”“饮酒”“著文”，很整齐，很精练。

屏幕显示

《五柳先生传》的三种情调：自况，自欣，自赞。

师：老师再给大家讲一讲。《五柳先生传》渗透了三种情调：自况，自己写自己；自欣，自己感到欣慰；自赞，自己赞美自己。作者在这篇文章里表现的精神世界是很高尚的。他穷得家徒四壁，穷得没有酒喝，穷得衣服也是破的，但他还是活在自己美好的精神世界里面“不戚戚于贫贱，不汲汲于富贵”。

点评：突破重点，概括特征，分析人物，深化见解。

五、细读，体味技法

师：笔记做好了吧，再来读一次。这是变形阅读，层次非常清晰，这一次要读出情味，要把“赞”的语气、语调读出来。

屏幕显示

五柳先生传

/ 陶渊明 /

先生不知何许人也，亦不详其姓字，宅边有五柳树，因以为号焉。

闲静少言，不慕荣利。

好读书，不求甚解；每有会意，便欣然忘食。

性嗜酒，家贫不能常得。亲旧知其如此，或置酒而招之；造饮辄尽，期在必醉。既醉而退，曾不吝情去留。

环堵萧然，不蔽风日；短褐穿结，箪瓢屡空，晏如也。

常著文章自娱，颇示己志。忘怀得失，以此自终。

赞曰：黔娄之妻有言：“不戚戚于贫贱，不汲汲于富贵。”其言兹若人之俦乎？衔觞赋诗，以乐其志。无怀氏之民欤？葛天氏之民欤？

（生齐读）

师：结尾部分一定要读出自欣、自赞的语气，再来一遍。

（生齐读）

师：把“好读书”说成四个字。

生：喜欢读书。

师：把“性嗜酒”说成四个字。

生：酷爱喝酒。

师：说得文雅一点儿，就是“读书适意”“醉酒陶情”“安贫乐道”“著文娱志”。

屏幕显示

四个方面的描述：读书适意，醉酒陶情，安贫乐道，著文娱志。

（生做笔记）

师：还可以把四字短语概括成两字词语：读书、醉酒、安贫、著文。以下是人们对他的文章选材方面的评价，请做笔记。

屏幕显示

四个短语的评价：选材极精，造语极简，意足笔止，风神宛然。

（生齐读）

点评：深入阅读，高度概括，精妙赏析，准确评价。

六、研读，品析美点

师：接下来，大家的任务是找出《五柳先生传》美在哪里，你们要做一点儿赏析。请同学们先思考，然后来交流。

屏幕显示

话题：《五柳先生传》美点品析

师：我们来说话。其实刚才的“一”“二”“三”“四”把美点都概括在里面了。

生1：本文是借“五柳先生”之名来写自己。

师：这是一种创造性的写作方法。

生 2：这篇文章的结构比较好，写了五柳先生的内在与外在性格，写了他三个方面的爱好，即“好读书”“性嗜酒”“常著文章自娱”，结尾有赞语。

师：文章分两个层次，构思很精致。

生 3：“环堵萧然，不蔽风日；短褐穿结，箪瓢屡空，晏如也。”我觉得陶渊明没有直接说自己的人格多么高尚，而是描写了自己的生活情景。

师：我们可以从中读出他的自欣之情。先描述，然后说“晏如也”，体现出他的安贫乐道情怀。

生 4：“闲静少言，不慕荣利”，写出了他的性格平淡，志趣高雅，既描写了外在的品性，又描写了内在的美德。

师：高度概括，表达简练。

生 5：从“造饮辄尽，期在必醉”可以看出作者的潇洒与率真。“曾不吝情去留”中的否定词写出了他的习惯。

师：喝了酒就走，多么率真，多么爽快的人啊！

屏幕显示

反复用字

传神描述

句式优美

巧用典故

虚实相生

师：老师来概括一下，请同学们做笔记。美点之一是反复用字，全文大量地运用“不”字，这个用字的特点与《马说》是一样的。美点之二是传神描述，这一点同学们已经分析出来了。美点之三是句式优美，多用四字短语，有一种节奏之美、精练之美。美点之四是巧用典故，本文的典故有“黔娄之妻”“无怀氏”“葛天氏”，这可以增添一种文学的味道。美点之五是虚实相生，既像写五柳先生，又像写自己，有实有虚。

同学们，我引用一位老师写的赞美陶渊明的评论性文字来结束这一堂课吧。

屏幕显示

那么闲静，那么率真，那么淳朴，那么超脱，屹立于喧闹的世俗之外，为自己的气节悠然地活着，活得潇洒、浪漫，他是活得最浪漫的古代文人。

（生齐读）

师：谢谢大家有兴趣学习这篇课文。

点评：活动充分，积累丰富，讲解细致，涵盖全面。

课例赏析

“故书不厌百回读，熟读深思子自知。”人不满足于成百遍地读书，熟读精思自然就能懂得书的精义。

余老师用“数字”趣学法，带领学生有层次、有新意地解读文本。在这一堂课中，学生进行了多次阅读。教师设计的教学活动均以学生的“读”贯穿，充分体现了学生的主体地位。教师的“讲”则是四两拨千斤，其主导作用不言而喻。这“五读”既体现了教学思路的逐层推进，又体现了知识教学的分类整理。

一种特殊的体例——余老师对“中国文学史上第一篇别具一格的人物自传”的讲解，给学生豁然开朗之感，让读者明白这种特殊自传的写法之妙，也激发了学生的阅读兴趣。

两个短语，两大层次——余老师让学生找出两个短语“闲静少言，不慕荣利”，就是让学生借“文眼”把握人物性格的外在与内在表现；分“传”与“赞”两个层次，进一步印证人物性格，突出重点。余老师巧妙地选点阅读，快速地切入文本，实在高明。

三种志趣——读书、喝酒、著文；三种情调——自况、自欣、自赞。

对志趣的理解，学生通过浅层次阅读即可得出；对三种情调的微妙解读，非有老师的深阅读不可，陶渊明的那种怡然自得之趣，值得玩味。

四个方面的描述、四个短语的评价——这一教学板块足以体现余老师对学生的语言能力训练的重视。余老师字斟句酌的习惯，规范而美妙的表达，对学生影响深远。

五处美点之品析——学生的品析是自由零碎、没有章法的，而余老师的讲解则是条分缕析、重点突出的。这一环节，学生活动充分，课堂积累丰富。余老师就是这样小步轻迈、厚积薄发、深入浅出地教语文的。

数字直观谐趣味，文字妙语连珠玉。